HEYNE BÜCHER

IRISIANA

Milton Trager
Cathy Guadagno Hammond

Meditation und Bewegung

Trager Mentastics

Aus dem Amerikanischen
von Franchita Cattani in Zusammenarbeit mit
Antonia Fäh und Ranjita Heide Koubenec

Wilhelm Heyne Verlag
München

IRISIANA BEI HEYNE
Herausgegeben von Michael Görden
13/9843

Die amerikanische Originalausgabe erschien unter dem Titel
MOVEMENT AS A WAY TO AGELESSNESS
A GUIDE TO TRAGER MENTASTICS
im Verlag Station Hill Press, USA

Umwelthinweis:
Dieses Buch wurde auf chlor- und
säurefreiem Papier gedruckt.

Taschenbucherstausgabe 4/2000

Wilhelm Heyne Verlag GmbH & Co. KG, München
http://www.heyne.de
Printed in Germany 2000
Umschlaggestaltung: Atelier Bachmann & Seidel, Reischach
Umschlagabbildung: Donna Day/Tony Stone Bilderwelten, München
Satz: Schaber Satz- und Datentechnik, Wels
Druck und Bindung: Ebner Ulm

ISBN 3-453-17356-2

Dieses Buch ist den beiden Frauen
in meinem Leben gewidmet,
die alles erst ermöglicht haben.

Inhalt

Vorwort zur deutschsprachigen Ausgabe

Es ist mir eine große Freude, daß durch die Übersetzung des Buches *Trager Mentastics* Dr. Tragers Philosophie und Bewegungserziehung für den deutschsprachigen Leser zugänglich wird.

Es ist das erste Buch über den seit vielen Jahren in Amerika und darüber hinaus berühmten TRAGER-Ansatz, der von Dr. Milton Trager vor über 60 Jahren geschaffen und seitdem von ihm ständig weiterentwickelt worden ist. Dieses Buch ist aus zwei Gründen von besonderem Wert: Es zeigt einen Weg, Bewegungen mühelos auszuführen und sich mit weniger Anstrengung durchs Leben zu bewegen. Ein Weg, der zu Gesundheit und größerem Wohlbefinden führt und darüber hinaus mehr Leichtigkeit und Freude in viele Bereiche des Lebens bringt. Außerdem ist der TRAGER-Ansatz einfach und humorvoll und beinhaltet unbegrenzte Möglichkeiten zu persönlichem Wachstum.

Der TRAGER-Ansatz wird auf zwei zu unterscheidende Anwendungsbereiche bezogen: Die TRAGER PSYCHOPHYSISCHE INTEGRATION bezeichnet die Behandlung eines Klienten auf dem Massagetisch. Die MENTASTIK bezeichnet ein System von Bewegungen, die der Praktiker mit dem Klienten nach der Behandlung einübt. Die MENTASTIK kann auch als eigenständige Bewegungserziehung angewendet werden, und dazu will dieses Buch eine Grundlage geben.

Die Bewegungen der MENTASTIK bieten einen einfachen und einzigartigen Weg, die Qualitäten von »Tun«, »Nichtstun« und »Geschehenlassen« in Körper und Geist leicht und spielerisch zu erfahren.

Der zentrale Begriff des TRAGER-Ansatzes ist *Hook-up*. Er wird hier im amerikanischen Original belassen, weil die Übersetzung nur einen Teil der umfassenden Erfahrung des *Hook-up*-Zustandes wiedergibt. *Hook-up* ist ein im amerikanischen Alltag häufig gebrauchter Ausdruck. Er bedeutet etwas zusammenhaken, verbinden, zusammenschließen (z. B. Videorekorder und Fernseher) oder etwas anschließen (z. B. Telefon, Kabel-Fernsehen usw.), also einen Energiezusammenschluß. *Hook-up* ist im Sinne von Dr. Trager ein meditativer Prozeß, in dem wir uns bewußt mit der Energie verbinden, die uns umgibt. *Hook-up* bezeichnet ein umfassendes Verbundensein und Verschmelzen mit der Umgebung, ein Gefühl der Grenzenlosigkeit, in der du in allem und jedem bist und in der du dich als Individuum auflöst und verschwindest. Nach Dr. Trager ist *Hook-up* unser natürlicher Seinszustand.

Im Amerikanischen heißt das Buch *Trager Mentastics*. *Mentastics* ist dabei der Sammelbegriff für die von Dr. Trager gefundenen Körperbewegungen. In der amerikanischen Sprache gibt es den Begriff MENTASTIK in der Einzahl nicht. MENTASTIK steht hier als ein neuer Begriff für die Bewegungen und die zugrundeliegende Philosophie von Dr. Trager. Diese Umbenennung in der deutschsprachigen Ausgabe spiegelt die seit längerem in Amerika begonnene Entwicklung der MENTASTIK von einem System von meditativen Bewegungen zu einer Bewegungsphilosophie wider. Die Anwendung der MENTASTIK in vielen Lebensbereichen, wie Medizin, Gesundheit, Sport, Tanz, Yoga, Psychologie usw., breitet sich in Amerika ständig aus. Die MENTASTIK hat begonnen, zu einer neuen Lebensphilosophie zu werden.

Die Geschichte wird meines Erachtens zeigen, daß Dr. Milton Trager einer der großen Männer und genialen Erfinder dieses Jahrhunderts ist. Ich schätze Dr. Tragers Beitrag zur Körperarbeit und Bewegungserziehung sowie zu einer neuen Betrachtungsweise der Beziehung zwischen Körper und Geist als umwälzend ein, nicht nur für die Entwicklung neuer Heilmethoden, sondern als Grundlage einer neuen Philosophie, die die Möglichkeit in sich trägt, die Welt friedvoller, freudvoller und heller zu gestalten.

Die Begegnung mit Dr. Tragers Weg hat viele Menschen auf eine sanfte und doch tiefgreifende Weise verändert. Nach meiner Ausbildung in Kalifornien eröffnete ich 1983 die erste TRAGER-Praxis in Berlin. Ich versuchte mich als TRAGER-Pionier möglichst anstrengungslos in der Schwere des Berliner Alltags zu bewegen, was mir nur mit Hilfe der MENTASTIK gut gelang. Mit Bewunderung und tiefer Dankbarkeit für Dr. Trager darf ich heute sagen: Der TRAGER-Weg und die MENTASTIK haben mir nicht nur geholfen, meinen Körper zu heilen, sondern auch mich jünger, gesünder und glücklicher zu fühlen. Diese Erfahrungen waren und sind ein entscheidender Schlüssel für mich zu einem leichteren, erfüllteren und friedvolleren Leben.

Ranjita Heide Koubenec

Vorwort

Zuerst kommt der Mensch, dann sein Werk. Die Idee ist alt und vielfach wiederholt worden: eine große Schriftstellerin oder ein großer Schriftsteller sind einfach eine große Frau oder ein großer Mann, die schreiben. Sie haben ihre Schriftstellerei zum Träger ihrer Botschaft und - wichtiger noch - ihres eigenen Seins gemacht.

Natürlich läßt sich dies auch auf andere Bereiche übertragen: Wer auch immer etwas Großes, Wertvolles und wahrhaft Nützliches leistet, kann dies nur tun, weil er ist, wer er ist.

So ist auch Milton Trager sehr viel mehr als nur *ein Arzt*, und seine Arbeit gereicht diesem ehrenwerten Beruf sehr und auf einmalige Art und Weise zur Ehre.

Der Heranwachsende, der Mann und sein Leben waren bereits außergewöhnlich, lange bevor der Erfolg sich zeigte. Milton Trager begann sein Leben als armer Junge in einem Armenviertel von Chicago. Die Straße packte ihn hart an, und er mußte die Schule frühzeitig verlassen, um seinen Lebensunterhalt zu verdienen. In der Jugend hatte er nur sich selbst, nur seinen *Körper*, wenn er sich über seine Lebensumstände erheben und sein Dasein leichter und fröhlicher gestalten wollte. Er wurde Tänzer und danach Berufsboxer.

Jeder neuen Herausforderung stellte er sich; mit Intuition und jenem gewissen Etwas, die seinem Geist und seinen *Händen* stets eigen waren, lernte er den Körper immer besser *stimmen*, lernte, ihn mit Seele und Geist in einen Zustand des *Hook-up* zu versetzen, ja ihn wiederherzustellen, wenn er bereits Schaden genommen hatte.

Im jungen Milton Trager entwickelte sich eine besondere Größe, lange bevor die akademische und intellektuelle Auseinandersetzung ihm alles abverlangte und ihn drängte, seine genialen Fähigkeiten auszubilden und frei zu entfalten. Die

Kämpfe kamen erst spät, in den mittleren Lebensjahren, in denen andere sich bereits zurücklehnen und die Früchte ihrer Arbeit genießen. Es waren heroische Kämpfe - und Siege. Alles gelang: das Nachholen der in der Jugend versäumten Schulbildung, das Medizinstudium und die weitere berufliche Ausbildung.

Danach ist seine Arbeit aus der ihr eigenen Größe stetig und organisch weitergewachsen. Seine besondere Begabung, Körper und Geist aufeinander und in sich abzustimmen, dem Individuum zu helfen, sich im *Hook-up* zu einem gesünderen, ganzen Menschen zu entwickeln, der mehr Freude, Kreativität und Lebensfülle erlebt, ist sein Lebenswerk, seine Kunst und schließlich zu seiner Lehrtätigkeit geworden.

Nie strebte er nach Ruhm, doch dieser ist ihm zugeflossen und wird sich weiterhin mehren.

Sein neues Buch *Trager Mentastics* erschließt uns einen der beiden Angelpunkte seiner Lehre, die deshalb von so hohem Wert ist, weil alle, die sich damit befassen, diesen direkt erfahren können und weil sie allen weiterhilft. Es ist sowohl ein praktisches Übungsbuch *als auch* Quelle der Inspiration. Es kann den Leser in *Hook-up* mit einem Menschen führen, der sein ganzes Leben lang gewachsen ist, und dessen Größe nun in seinem Werk gipfelt.

Turnley Walker

Turnley Walker hat selbst sieben Bücher verfaßt, unter anderem *Rise Up and Walk* und *The Presence of Mine Enemies.*

Mentastik - eine erste Annäherung

Körperwellen Alle Bewegungen von Wind, Wasser und den Lebewesen auf unserer Erde ahmen das Auf und Ab einer Wellenbewegung nach. Klang und Licht existieren als Wellen mit einer bestimmten Frequenz und Länge. Mentastik-Bewegungen lassen das Gefühl wellenähnlicher, ganz feiner Schwingungen entstehen, die sich durch den ganzen Körper fortsetzen und sowohl Körper als auch Geist leichter und lichter machen.

Ein altersloser Körper ist ein Körper, der sich anmutig durch den Raum bewegt. Er bleibt seiner Wellennatur treu, seine Bewegungen sind fließend und vertrauensvoll, nicht starr und ängstlich. Er hält sich aufrecht, ohne daß Streß oder Schwerkraft ihn beugen oder ihm den Stempel der Niederlage aufdrücken könnten. Ein solcher Körper ist in jedem Alter schön.

Die Mentastik will diese *alterslose Qualität* in Körper und Geist wiederherstellen und beibehalten helfen. Der Name ist eine Neuschöpfung und bedeutet so viel wie *mentale Gymnastik* - sehr sanfte Übungen, die geistig gesteuert den Körper von Spannungen befreien.

Einer der wohltuendsten und selbstverständlichen Aspekte der Mentastik ist der Einsatz des körpereigenen Gewichts, um jeden einzelnen Körperteil zu öffnen und zu bewegen. So kann beispielsweise der Arm in Harmonie mit dem Sog der Schwerkraft herabhängen und frei hin- und herpendeln, anstatt gegen diese anzukämpfen. Solchermaßen ausgeführte Bewegungen können uns in einen Zustand der Tiefenentspannung und des Friedens versetzen, den Milton Trager selbst *Hook-up* nennt.

Hook-up ist gleichbedeutend mit Meditation. Trager beschreibt *Hook-up* als einen Prozeß der Verschmelzung und Einswerdung mit jener Energie, die alle Lebewesen umgibt. Diese Energie ist wissenschaftlich beobachtbar und meßbar. Wir können sie mit Hilfe wissenschaftlicher Hilfsmittel wie der Kirlian-Fotografie sichtbar machen und untersuchen. Das Wichtigste für uns ist jedoch, daß wir *Hook-up erleben* können. Im *Hook-up* erfreuen wir uns eines neuerweckten und vertieften Gefühls des Wohl-Seins.

Der Anfang In der Mentastik werden alle Bewegungen einfach und mühelos ausgeführt: Wir lassen sie einfach geschehen. Um klarzumachen, was damit gemeint ist, wollen wir anhand einer Übung die Ruhe und gleichzeitige Dynamik erfahren, die die Mentastik auslöst.

Setzen Sie sich bequem hin, oder stehen Sie ganz locker aufrecht, und lassen Sie die Arme beidseits frei hängen. Heben Sie dann ganz langsam und ohne die geringste Anspannung eine Hand hoch, als wollten Sie eine Gitarre anschlagen. Spielen Sie nun leicht und sanft auf dieser Gitarre; Sie spüren das Gewicht Ihres Daumens, während dieser gelöst über die Saiten gleitet. Sie fühlen das Gewicht des Daumens bis etwa zum Handgelenk. Fragen Sie sich jetzt: »Was kann leichter sein? Was kann weicher, sanfter sein?« Lassen Sie diese Fragen Ihre Bewegungen lenken, und beobachten Sie, wie diese die Empfindungen in Ihrer Hand beeinflussen. Lassen Sie Ihre Hand noch leichter und gelöster werden, und nehmen Sie wahr, wie die Bewegung auf die Botschaft Ihres Geistes anspricht und feiner wird.

Fahren Sie nun fort, die imaginäre Gitarre anzuschlagen, und lassen Sie dabei Ihren Arm locker aus der Schulter nahe am Stuhl oder dem Bein herabhängen. Spüren Sie das Gewicht Ihres Daumens, und wie das Gewebe in Ihrem Arm ganz fein vibriert. *Bemühen* Sie sich nicht, das Gewebe zum Vibrieren zu bringen. Dieses wird sich von selbst einstellen, wenn Sie sich nicht anstrengen. Wenn Sie eine gewisse Steifheit oder Unbeweglichkeit verspüren, verlangsamen Sie die Bewegung und fragen Sie wiederum: »Was kann leichter sein? Was kann freier sein?« Stellen Sie diese Fragen so, daß Sie keine Antwort erwarten - nur einer Empfindung nachspüren.

Nun halten Sie einen Augenblick inne. Fühlen Sie, wie verschieden sich Ihre beiden Hände, Arme und Schultern anfühlen. Fühlen Sie, welche Wirkung schon ein ganz klein wenig Sanftheit auf Körper und Geist hat. Die Empfindung des Prickelns und das sanfte Pulsieren sind Zeichen Ihrer eigenen Lebendigkeit! Je tiefer Sie zu empfinden und mit dem Gewicht Ihrer verschiedenen Körperteile zu spielen vermögen, desto ruhiger wird Ihr Geist.

Das ist nur ein Anfang. Aber selbst diese einfache Bewegung kann immer wieder mit nachhaltigem Erfolg wiederholt werden, zuerst mit dem einen, dann mit dem anderen Arm. Dies ist eine Bewegungs-Meditation, die Sie jederzeit und überall ausführen können.

Hook-up ist gleichzeitig Grundlage und Hauptziel der Mentastik: Es ist ein natürlicher Seinszustand. Bei einem Waldspaziergang oder wenn wir am Strand entlang gehen, kann es geschehen, daß wir vollkommen ruhig werden und uns mit der Umgebung verbunden fühlen. So einfach ist das! Wir werden eins mit dem Rascheln der Blätter, mit den anrollenden und wieder zurückweichenden Wellen - und das ist es, was uns *erlaubt,* in ein Gefühl des Friedens hineinzugleiten.

Die Wirkung Die Mentastik hat sich über all die Jahre deshalb durchgesetzt, weil sehr viele Menschen Erfolge damit erzielt haben. Milton Trager entdeckte vor über sechzig Jahren die ersten Bewegungen, als er am Strand trainierte.

Als Kind war er recht dünn und schwächlich gewesen. Später, als Teenager, interessierte er sich immer mehr dafür, wie der Körper funktioniert. Immer mehr faszinierten ihn die Befriedigung und Freude, die er erfuhr, wenn er sich ohne Anstrengung rhythmisch bewegte. Er erkannte bald, welch positiven Einfluß die Mentastik auf die Lebensqualität aller Menschen haben konnte. Das ermutigte ihn, sich Zeit seines Lebens mit der praktischen Weiterentwicklung dieses Ansatzes zu befassen. Er fühlte sich seiner Arbeit zutiefst verpflichtet und glaubte an ihre Zukunft; dennoch war ihre weitreichende Wirkung kaum vorauszusehen.

Milton Tragers neuartiger Ansatz in bezug auf Körperarbeit und Bewegung trat erst 1975 im weltbekannten kalifornischen Esalen-Institut in Big Sur ans Licht der Öffentlichkeit. Die praktische Demonstration seiner Arbeit in Esalen beeindruckte alle Anwesenden zutiefst und weckte so viel Interesse und Engagement, daß sie einem breiteren Publikum vorgestellt werden konnte. Es folgten eine Reihe von Workshops und wenig später die Gründung eines Instituts, um Milton Tragers Lehre zu wahren und weiterzuführen. Dort nahm jenes Ausbildungsprogramm Gestalt an, das in den letzten zehn Jahren große Verbreitung gefunden hat. Heute gibt es auf der ganzen Welt über tausend Trager-Praktiker, die die Ausbildung abgeschlossen haben oder sich noch in Ausbildung befinden.

Ich bin Trager-Praktikerin und hatte 1979 das Glück, Milton Trager während meiner Ausbildung persönlich kennenzulernen. Was ich vorher über ihn gehört hatte, ließ ihn wie eine legendäre Figur erscheinen - Geschichten über seine Lebensklugheit und seinen Witz, seine heilenden Hände, seine Kreativität, sein Genie und seine Hingabe und Bereitschaft, allen, die der Hilfe bedürfen, zu dienen. Was mich persönlich beeindruckte, war seine direkte und einfühlsame Art, die als der berühmte *Trager-Touch* bekannt wurde - eine sanfte und eindringliche Berührung zugleich. Milton Tragers Anwesenheit strahlt sowohl Kraft als auch Frieden aus. Diese seltene Verbindung macht das, was er lehrt, so einzigartig und prägt die beiden Bereiche der Trager-Arbeit, nämlich die sanfte Behandlung auf dem Massagetisch und die Mentastik-Bewegungen, die entweder für sich oder zusätzlich zur Trager-Körperarbeit ausgeführt werden können.

Dieses Buch ist aus meiner Erfahrung mit der mit Mentastik erzielten Wirkung entstanden. Ich selbst führe die Bewegungen sehr gern und täglich aus, denn sie bewahren meinen Körper vor Schmerzen und Beschwerden. Sie haben meine Haltung merklich verändert, und ich gehe, tanze und schwimme nun mit mehr Anmut, Leichtigkeit und Harmonie. Erfahren zu dürfen, daß ich mich mit zunehmendem Alter immer wohler fühle, ist mehr als nur ein angenehmes Erlebnis, es gibt mir Selbstbestätigung. Das ist es, was Milton Trager als alterslos bezeichnet.

Bei täglicher Übung kann die Mentastik praktisch allen helfen. Sie unterstützt die Genesung einer Vielzahl spezifischer Leiden. In meiner therapeutischen Praxis habe ich die ermutigende Heilwirkung der Mentastik bei den verschiedensten Leiden und Traumen beobachten können, so etwa bei Kreuzschmerzen, Schlaganfällen und Rückenbeschwerden nach Autounfällen, um nur einige zu nennen. Besonders erfreulich waren die Erfolge bei schwerwiegenden Erkrankungen, beispielsweise Parkinson. Parkinson-Kranke verloren viel von der Starre ihrer Bewegungen und erlangten ein besseres Gleichgewicht, wenn sie die Mentastik-Bewegungen in ihr tägliches Leben einbezogen.

Das Buch ist in Versen geschrieben, um einen Eindruck davon zu vermitteln, wie Trager selbst seine Arbeit in Workshops weitergibt. Im ersten Teil, *Grundlagen,* schildert Milton Trager die Entwicklung und wichtigsten Grundsätze der Mentastik. Der zweite Teil, *Mentastik-Bewegungen,* führt den Leser in die praktische Ausführung der Bewegungen ein. Wir empfehlen, das Buch in dieser Reihenfolge zu lesen, um die Mentastik bewußt und mit Freude kennenzulernen.

Wieviel leichter und freier können Sie sein? Setzen Sie sich in Bewegung, und lassen Sie sich auf eine spielerische Entdeckungsreise ein. Mentastik ist einfach, darin liegt ihre Schönheit und eine gewisse Herausforderung.

Ich werde stets ein tiefes Gefühl der Dankbarkeit für Milton Trager und seine Arbeit empfinden, die mich bereichert und meinen Horizont erweitert hat. Mentastik ist ein müheloser und dynamischer Weg zu einer liebevolleren und friedlicheren Welt für uns und unsere Kinder.

Cathy Guadagno Hammond

Einleitende Gedanken

Die Worte in diesem Buch
haben nur einen Sinn und Zweck:
Sie sollen den Wunsch in dir erwecken,
in der Bewegung einen einzigartigen Weg
der persönlichen Entwicklung und
Psychophysischen Integration zu erkunden.

Wenn du für deinen Körper und Geist
etwas Besseres und Tieferes suchst,
ist Trager-Mentastik das Richtige für dich.
Sie kann dir eine bisher verschlossene Tür
zum Reich des Fühlens öffnen.
Fühlen ist das Herz und das Wesen
der Trager-Mentastikbewegungen.

Wir alle können uns nur dann entwickeln und
umfassender erkennen,
wer wir eigentlich sind,
wenn wir andere und bessere Erfahrungen machen.
Wir sind die Gesamtsumme aller
geistigen und körperlichen,
positiven und negativen
Gefühlsempfindungen unseres ganzen Lebens.
Diese Gefühlsempfindungen sind im
Unbewußten gespeichert;
man kann sie nicht auslöschen.
Wann immer ich *empfinden, fühlen* oder *Gefühl* sage,
meine ich das Unbewußte.
Das Bewußtsein fühlt nicht.
Das Unbewußte ist jeder Bereich unseres Geistes,
dessen wir uns nicht bewußt sind.

Mentastik ist ein neuer Ausdruck und bedeutet
mentale Gymnastik.
In der Mentastik lenkt der Geist die Bewegungen,
die im Bewußtsein Gefühle der
Leichtigkeit, Freiheit, Offenheit,
Anmut und Freude hervorrufen,
was einen alterslosen Körper zur Folge hat.

Mentastik kann den Alterungsprozeß umkehren;
dieser setzt sehr früh im Leben ein,
gewöhnlich schon um das zehnte Lebensjahr.
Nicht die Gewebe unseres Körpers sind daran schuld,
daß wir altern.
Vielmehr ist die mit zunehmendem Alter verspürte Steifheit
Folge der vielen widrigen Erfahrungen,
die wir im Leben machen.
Das können Traumata sein,
Krankheiten oder Enttäuschungen.

Verspannungen, Einengungen und Versteifungen,
die Ursachen des Alterungsprozesses,
entstehen nicht aufgrund körperlicher Abläufe,
sondern durch geistige Vorstellungsmuster.

Daß alte Menschen gewöhnlich steifer sind,
liegt nur daran, daß sie sich länger
schädliche Verhaltensmuster angeeignet haben, und diese
sich tiefer in ihren Geist einprägen konnten.
Diese Menschen und auch solche,
die unter schweren Traumas leiden,
brauchen mehr Zeit und mehr Geduld,
bis sie die Freiheit ihres Körpers und ihres Geistes
wiederentdecken und erfahren können.

Alterslos sein ist nicht Jugendlichkeit.
Jugendlichkeit ist Sache der Kinder.

Ein altersloser Körper ist ein freier,
offener Körper, der sich gut anfühlt.
Mentastik bietet einen einfachen Weg
zu solcher Freiheit an.
Erleben wir mehr Freude durch Bewegung,
so erfahren wir mehr Freude im ganzen Leben.

Die Bewegungen sind denkbar einfach.
Trotzdem fühlen sich viele meiner Schüler
durch diese Einfachheit
geradezu herausgefordert.
Sie fordert zu ihrer eigenen
persönlichen Entwicklung heraus.
Sich entwickeln heißt fortwährend suchen und finden,
was für Körper und Geist besser ist.
Entwicklung ist ein niemals endender Prozeß.

Du wirst Mentastik aus diesem Buch erlernen können,
WENN DU DICH NICHT BEMÜHST.
BEMÜHEN IST VERSAGEN,
Weder Anstrengung noch Plan sind nötig,
es gibt keine Methode.

Jede Bewegung schenkt dir jeden Augenblick
die Möglichkeit, sowohl den Geist
als auch den Körper zu entwickeln.
Hast du dich erst einmal daran gewöhnt,
nach dem zu streben, was freier und besser ist, fragend:
»Was könnte leichter sein? Was freier noch als dies?«,
dann lebst du die Mentastik.

Dann setzt du einen subtilen Prozeß in Gang,
der dich in einen Zustand des Friedens versetzt, den ich
Hook-up nenne.
Hook-up macht dich empfindsamer und
verleiht den Bewegungen Sinn.

Perfekte Mentastik ist ein Widerspruch in sich selbst.
Im *Streben* nach ständiger Vervollkommnung
liegt ihre Bedeutung.
Der schönste Lohn und größte Nutzen
der dir aus Trager-Mentastik erwächst,
ist Freiheit und ein altersloses Sein.

Grundlagen

Entstehung und Entwicklung der Trager-Mentastik

Die Mentastik war eine stille Entdeckung in meinem Leben.
Sie geschah einfach.
Die feinen Empfindungen,
die diese einfachen Bewegungen auslösen,
sind derart wohltuend und angenehm,
daß ich mich nun seit über sechzig Jahren so bewege
und die Mentastik dabei weiterentwickelt habe.
Der Prozeß des Erwachens, der mir erlaubte,
mir meines Körpers bewußt zu werden,
begann mit
EINEM TIEFEN ATEMZUG.

Meine Familie zog 1924 von Chicago nach Miami in Florida.
Um der Familie zu helfen,
nahm ich eine Arbeit als Briefträger an.
Ich war damals erst sechzehn und hatte einen zarten Körper.

Im Postamt war ein großes Anschlagbrett.
Wir mußten jeweils unterzeichnen,
daß wir die Mitteilungen gelesen hatten,
etwa solche, unseren Füßen Sorge zu tragen, oder
auf unsere Augen achtzugeben und so weiter.
Und dann hing eines Tages da ein Blatt über die Lunge,
und darauf stand:
»Atme tief ein.«
Ich las es und zeichnete es ab.

Am nächsten Tag stand ich alleine vor dem Anschlagbrett
und sah wieder das Blatt.
»Atme tief ein.«
Also stellte ich meinen Postsack auf den Boden,
wartete einen Augenblick,
und atmete tief ein.
Das war der Anfang meiner selbst.
Zum ersten Mal konnte ich mich wirklich spüren,
das war ein wunderbares Gefühl.

Dieser erste tiefe Atemzug war von großer Bedeutung
für mich,
er hat mir geholfen,
andern zu helfen.
Weiter unten erfährst du
wie der Atem
deinen Brustkorb weiten kann.

1925 wurde ich in eine Gegend nahe am Strand versetzt,
wo ich laufen und Gymnastik betreiben konnte.
Einen muskulösen Körper zu bekommen war mir sehr
wichtig.
So wurde ich Akrobat und Tänzer,
liebte es, zu springen und durch die Luft zu wirbeln,
und das Gefühl der Bewegung in mir zu spüren.
Jeden Tag nach der Arbeit ging ich zum Strand, um zu üben,
immer kurz vor Sonnenuntergang,
wenn der Strand leer war.

Nur das Geräusch des Wassers war zu hören,
wie die Wellen hineinrollten
        und sich am Strand brachen.

Ich ließ mich vom Rhythmus des Meeres tragen,
wenn ich dazu meine Arme schwang.
Dieses Gefühl, mit den Wellen eins zu sein
versetzte mich jeweils in einen
immer feiner empfundenen, tieferen Zustand
        und das Gefühl vollkommenen Friedens.

Diesen selbstverständlichen und harmonischen
Zustand des Seins nenne ich
Hook-up, weil wir, wie in der Meditation
mit der Energie uns verbinden, die
alle lebenden Wesen umgibt.
Hook-up
ist das grundlegendste
und wichtigste Element in
der Mentastik.

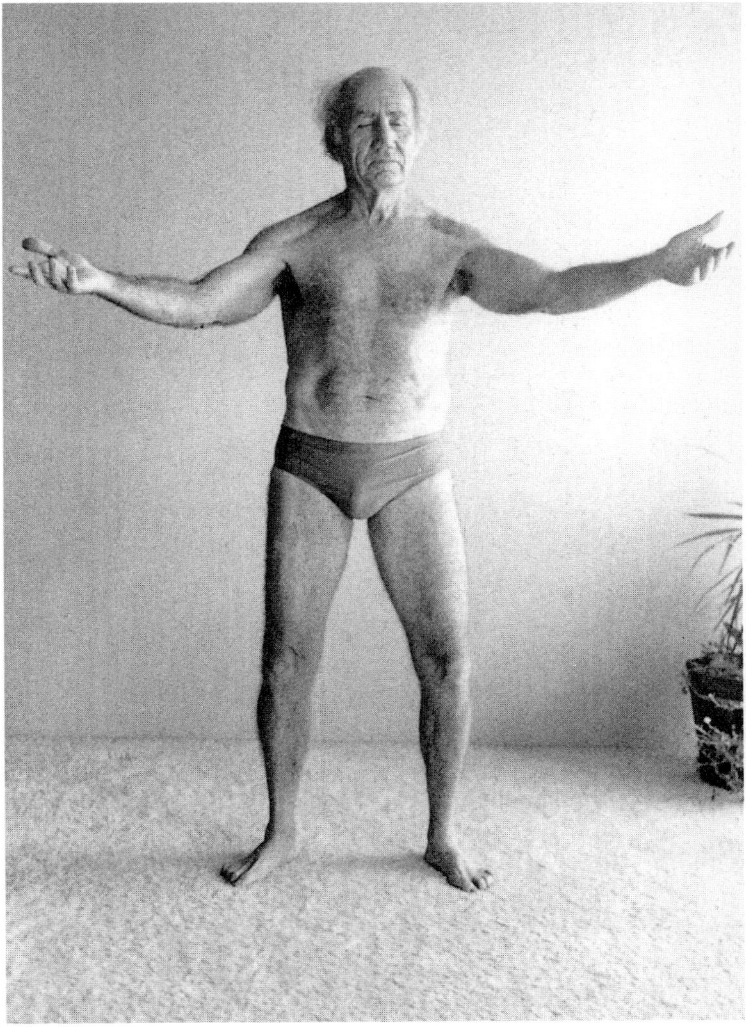

Diese Art der Bewegung und Meditation wurde
Teil meines Alltagslebens.
Akrobatik betrieb ich weiterhin jeden Sonntag
mit meinem Bruder Sam
auf dem Sand, der bei Ebbe hart und fest war.
Eines Tages sagte Sam:
»Mal sehen, wer höher springen kann.«
Da kam meine Antwort wie aus dem Nichts:
»Mal sehen, wer weicher fallen kann.
Was ist wohl weicher, sanfter?«
Diese einfache Frage öffnete meinen Geist
der neuen Möglichkeit, auch andere Bewegungen
mühelos auszuführen.

Hochspringen braucht Kraft.
Man muß ein Gefühl dafür entwickeln
und dann alles, was man hat, in die Bewegung legen.
Das ist anstrengend.
Sanft landen heißt, daß man
- wobei man den Geist die Bewegung lenken läßt -
sich Fragen stellt wie etwa diese:
»Was ist weicher, sanfter ... und
was könnte weicher, sanfter sein als dies?
Was ist leichter ... und leichter ... und
leichter noch als dies?«
Dieser Vorgang ist die Grundlage der Mentastik.

Über fünf Jahre lang trug und schleppte
ich meine Muskeln überaus angespannt mit mir herum,
bis mein Körper auf die
freieren und feineren Empfindungen ansprach,
die mein Geist durch die Mentastik aufnehmen lernte.
Ich entwickelte Mentastikübungen, um mich zu erwärmen,
und brachte sie am Strand einer Gruppe junger Sportler bei.
Wir begannen jeweils mit den
Mentastik-Bewegungen für Arme und Beine,
die in späteren Abschnitten beschrieben sind;
dazu erfand ich weitere Bewegungen,
die jeweils aus dem Bedürfnis meines Körpers
in jenem Augenblick entstanden.

Auch heute noch
betreibe ich Mentastik auf diese Weise.

Milton Trager (rechts oben) bringt während des 2. Weltkriegs den Soldaten Mentastik vor der Landung der L.S.T. 314 vor Bizerte in Nordafrika bei

Willst du dich weicher und sanfter bewegen,
leichtfüßiger gehen oder springen,
so mußt du die Knie beugen.
Die Knie fangen den Aufprall ab,
und der ganze Körper gibt nach.
Dieses Prinzip lag meiner ganzen Entwicklung
als Berufsboxer und -tänzer zugrunde.
So entstehen keine plötzlichen, ruckartigen oder holprigen Bewegungen;
die Bewegungen gehen vom Geist aus,
nicht vom Körper.

Und alles fängt damit an, daß du dich fragst:
»Was ist leichter?
Was ist weicher, sanfter?
Was ist freier?«

Erst sehr viel später sollten diese Bewegungen
den Namen *Mentastik* bekommen.
Das war 1974 -
meine Frau Emily dachte an *mental*
und ich trug *Gymnastik* bei, so schufen wir die Bezeichnung
Mentastik.

Nun habe ich Mentastik
über sechzig Jahre lang betrieben,
weil die Bewegungen mir wohltun.
Jetzt weiß ich: Wenn du zuläßt, daß die Mentastik
Teil deines Alltags wird,
dann wirst du
für den Rest deines Lebens
viel Befriedigung und Freude
aus deinem Körper und Geist schöpfen.

Grundlagen und Philosophie der Mentastik

Die Mentastik löst Sperren und Verspannungen
auf indirektem Weg.
Man muß das Bewußtsein umgehen und
zulassen, daß
das Unbewußte
die Bewegungen lenkt.
Oft fragen mich meine Schüler und Patienten:
»Was ist das Unbewußte?«
Meine Antwort ist immer dieselbe:
Das Unbewußte ist der Teil unseres Geistes,
der nicht bewußt ist.

Jedes Gefühlserlebnis, das du je hattest,
ist im Unbewußten gespeichert;
es kann nicht ausgelöscht werden.
Da es keine Löschtaste für das Unbewußte gibt,
steht die gesamte darin enthaltene Information
über Gefühle, Wahrnehmungen,
Erinnerungen und Einsichten
uns zur Verfügung, damit wir sie anzapfen und verwenden,
wie die in einem Computer gespeicherten Daten.
Das Unbewußte ist unsere wichtigste Hilfsquelle.

Das bedeutet auch, daß wir nichts
loswerden müssen,
um ein in vollerem Sinne
selbstverwirklichter Mensch zu werden.

Man kann sein Leben einfach durch mehr
positive Erfahrungen bereichern.
Das kann durch Mentastik geschehen.

Die Mentastik ist keine Technik oder Methode,
sie besteht nicht aus festgelegten Pflichtübungen.
Sie ist ein Ansatz, eine BETRACHTUNGSWEISE,
    in der Geist und Bewegung
    in vollkommenem Einklang sind.

In der Mentastik geht es nie darum, wie oft,
    wie schnell, wie weit oder
    wie kraftvoll die Bewegungen sind.
Mentastik wird von dem Gefühl begleitet,
    wie leicht, wie schön, wie frei,
    wie vollendet die Bewegung sein kann.

Nicht physische Sperren
engen die Ausdrucksmöglichkeiten des Körpers ein,
    sondern Denkmuster beschränken sie.
Es ist der GEIST, der
die Körperabläufe lenkt,
ohne daß wir uns dessen bewußt sind.
    DIE BLOCKADEN LIEGEN IM GEIST.

Der Körper an sich ist unwissend.
Ein Beispiel dafür sind
    Fred Astaires Füße: sie wissen nicht, was sie tun.
Erst was in seinem Geist entstand,
ließ seine Füße sich
    so flink und mühelos bewegen.
Werden Mentastikbewegungen
vom Geist gelenkt,
werden sie zu einem Weg,
    sich selbst auszudrücken.

Zwei Grundsätze liegen der Mentastik zugrunde.
Das erste und wichtigste ist das, was ich
HOOK-UP nenne.
Ist man verbunden mit
der Energie, die uns alle umgibt,
dann gelangt man in einen
feineren Zustand des Seins.
Hook-up ist ein Gefühl, tiefer als Entspannung.
Dieses Gefühl ist Frieden.
Aus *Hook-up* entspringt ein Fluß und ein Rhythmus.
Hook-up ist wie Meditation.

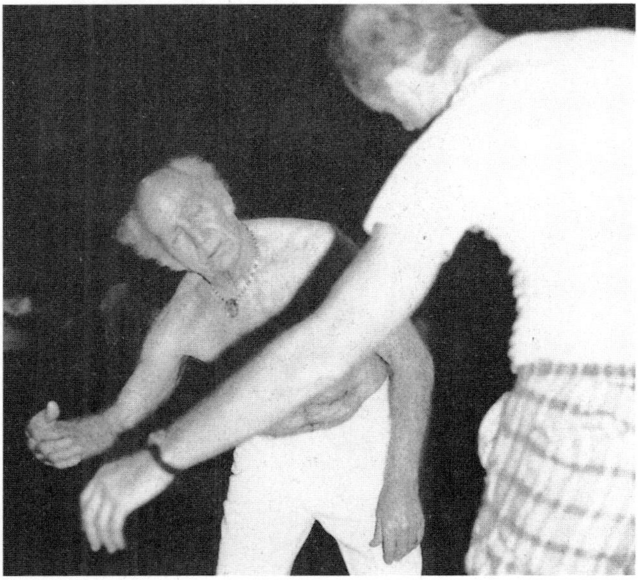

Der zweite Grundsatz der
Mentastik lautet:

LASS DIE BEWEGUNG GESCHEHEN.
BEMÜHE DICH NICHT.

Bemühung ist Anstrengung, und Anstrengung schafft
Anspannung.
Spiele mit dem Gefühl: wie locker,
wie frei, wie ... nichts.
Hab Geduld.
Versuche nicht, irgend etwas zu erreichen.
Halte dich bewußt heraus.
Werde Teil des Gefühls.

Spürst du
Verkrampfungen und Steifheit
in deinem Körper,
so kämpfe nicht dagegen an,
versuche nicht, dich freier zu machen,
was die natürliche Reaktion der
meisten Menschen ist,

JE VERKRAMPFTER DU BIST,
DESTO LEICHTER MUSS DIE BEWEGUNG SEIN.

Es ist wichtig, daß die Bewegungen
vom Geist ausgehen.
Dieser Vorgang beginnt damit, daß
du Fragen stellst wie diese:
»Was ist leichter? Was ist freier?
Was ist weicher, sanfter?
Was ist schöner?
Was fühlt sich besser an?«

Stell diese Fragen auf sanfte Art und Weise,
ohne zu fordern.
Gib der Antwort Zeit.
Mit diesen Fragen förderst du die
Kraft und Möglichkeiten deines
Unbewußten.
Dieser Prozeß ist nicht anstrengender als
ein Gedanke.

Treten Schmerz, Beschwerden oder Ermüdung auf,
wenn du Mentastik betreibst, dann
laß die Bewegung leichter werden,
kleiner werden oder
verringere die Anzahl der Bewegungen,
verlangsame sie
oder höre ganz damit auf,
und ruhe dich aus.

Die Mentastik vermittelt dir
eine schönere Art und Weise,
deinen Körper kennenzulernen und zu
erleben, wie er sich anfühlt
und bewegen läßt.
Das daraus entstehende Gefühl der Freiheit
wird immer stärker und bewirkt ein
positives Bild und positive Muster davon
in deinem Unbewußten,
wieviel freier, weicher und sanfter du sein kannst.

All diese Gefühlserlebnisse
sind jederzeit abrufbar,
indem du ganz einfach fragst:
»Wie ging doch diese Melodie?« oder
»Was war doch gleich meine Telephonnummer?«
Das alles sind Informationen, die du
ohne weiteres aus dem Unbewußten abrufen kannst.
Solches Erinnern räumt der Freiheit mehr Platz
in deinem Unbewußten ein.

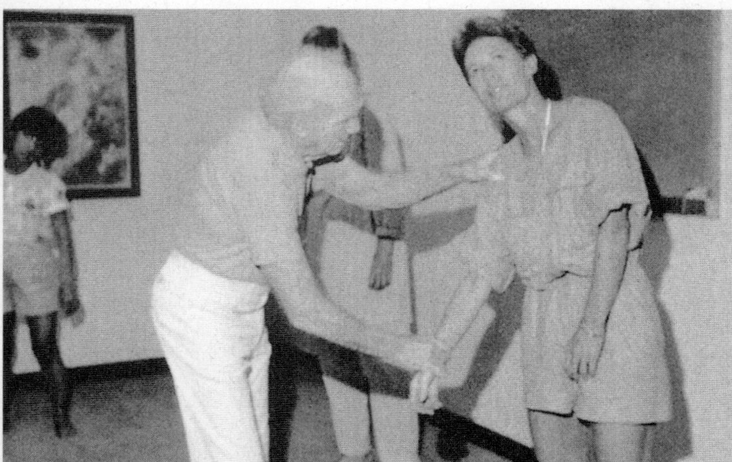

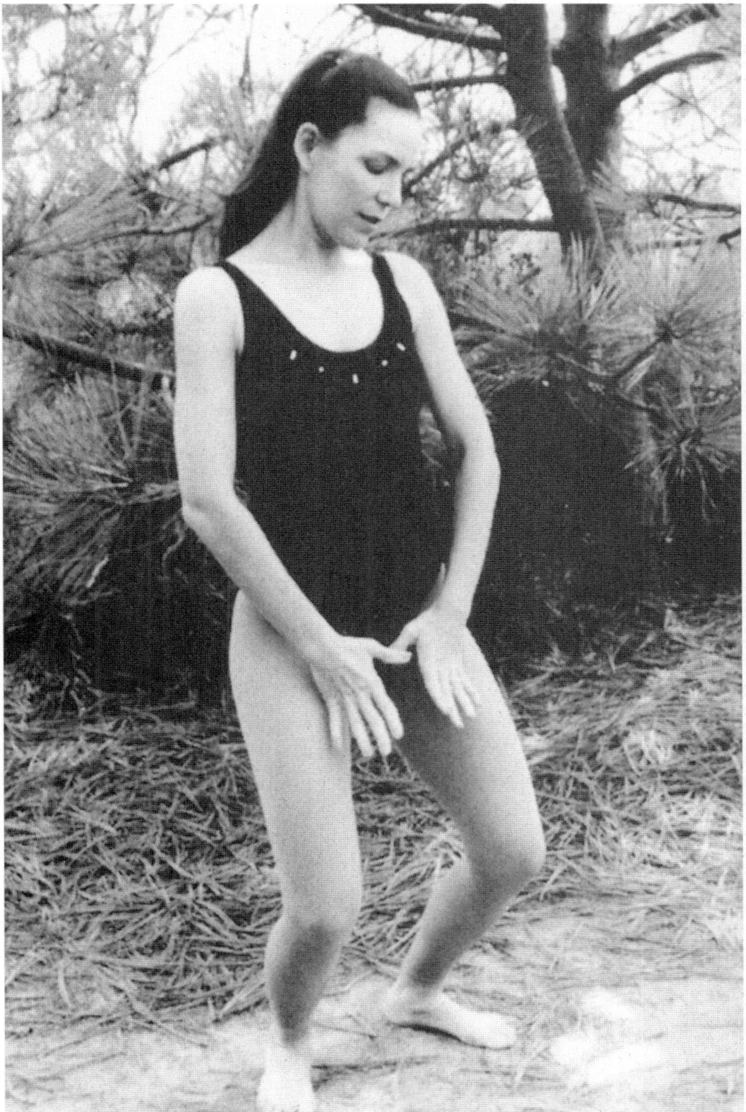

Analysiere keine Bewegung.
Analysieren ist Sache des Verstandes.
Spüre das Gewicht des Körperteils,
den du gerade bewegst.
Hast du Schwierigkeiten, das Gewicht zu spüren,
dann frage:
    »Was ist schwer?
    Wie schwer kann mein Arm sein?«
Oder du verlangsamst die Bewegung.
Zu schnelles Bewegen kann dich
    aus dem *Hook-up*
    bringen.

Mentastik kann dich geduldiger werden lassen.
Spiele mit dem Widerstand, der sich dir bietet.
Spürst du irgendwo eine Verkrampfung,
so hast du gerade dann das Gefühl der Leichtheit nötig.
    »Was ist leichter?«
Nimm dir Zeit zu fühlen,
wie fein die Empfindung sich in dir ausbreitet.
Geduld wird dich immer reicher belohnen.

Während du die Bewegungen ausführst, denkst du vielleicht:
»So einfach kann es gar nicht sein.
Ich mache kaum etwas mit dem Körper.
Und dennoch fühle ich eine Veränderung.«
Das ist eine persönliche, innere Erfahrung.
Es ist etwas, das aus dem Augenblick entsteht.

Keine Bewegung wird mit Absicht ausgeführt.
Keine Bewegung ist zuviel.
Jede kleinste Bewegung
jede Muskelregung
jeder Gedanke
kommt dem Gefühl der Freiheit näher und
schafft eine innige Verbindung zwischen
Körper und Geist.

Die Philosophie hinter der Mentastik,
ist eine Lebensweise.

Die Weichheit und Gelöstheit,
die du dank diesen Übungen entwickelst,
kannst du auf andere Bereiche deines Lebens übertragen.
Durch diesen Lernprozeß,
werden die Bewegungen schließlich unwillkürlich.
Lebe die Bewegungen.

Die geistige Entwicklung kennt keine Grenzen,
wie es auch keine Grenzen gibt,
den Körper zu empfinden und zu fühlen.
Persönliches Wachstum ist ein
niemals endender Prozeß.

Ich sage meinen Schülern immer wieder:
Du kannst andern nur geben,
was du auch wahrhaft
in dir selbst entwickelt hast.

Mentastik kann nie langweilig werden,
weil sie ein Wohlgefühl
im Körper und im Geist bewirkt.
Sie ist eine Kunst; wie bei jeder andern Kunst,
führt Übung
zu Schönheit und zu Formvollendung.

Man kann sich nicht um Meisterschaft bemühen.
Bemühen ist Versagen.
Im *Hook-up*
fließen die Bewegungen von selbst,
werden zu einem Teil von dir bis zu dem Punkt, wo
Instrument und Mensch
eins werden.

Das Instrument in der Mentastik ist der Körper,
der Geist ist Dirigent.

Hook-up – ein meditativer Prozeß

Wir sind von einer Kraft umgeben,
die Leben spendet, Leben reguliert.
Sie mag elektrochemisch oder -magnetisch sein.
Egal – wir wissen: Diese Kraft ist da.

Wir müssen uns nicht einen Millimeter von uns selbst,
von unserm Körper weg entfernen, um sie zu finden.
Wir sind von dieser Kraft umhüllt.
ERLAUBE dieser Kraft, in dich einzufließen.
Es braucht keine Bemühung, keine Anstrengung.
Sich bemühen ist versagen.

Hook-up ist dasselbe wie Meditation.
Wie in der Meditation gibt es auch hier viele Stufen.
Man kann tiefer und tiefer eindringen in
einen Zustand, der jenseits von Entspannung liegt.
Ein Schritt weiter als Entspannung liegt der Friede.

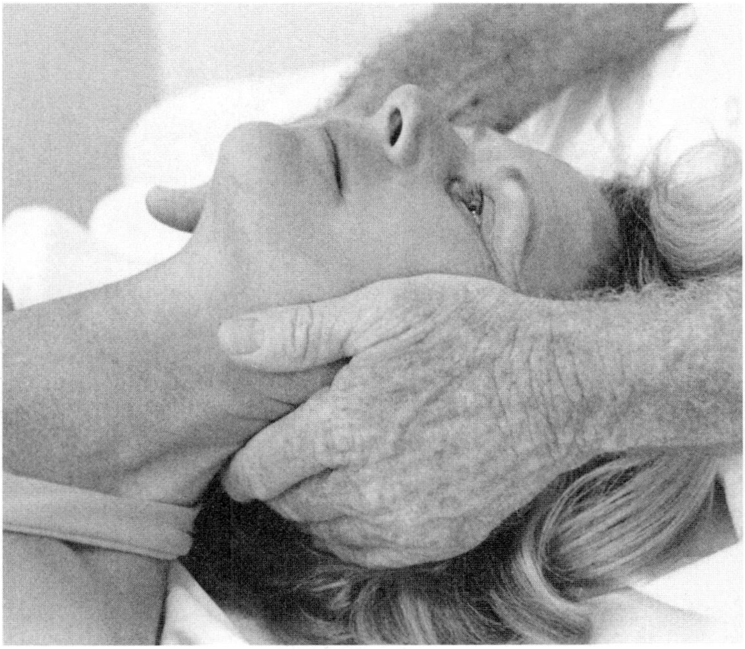

Mentastik in der Gruppe, um das Hook-up zu fördern

Hook-up ist kein passiver Zustand.
Es ist dynamisch, lebendig, vibrierend, und doch
voller Frieden.
Man muß überhaupt nichts tun,
um ins *Hook-up* zu kommen,
außer zuzulassen, daß es geschieht.
Sogar lernen und versuchen loszulassen ist Bemühung.
Es braucht keine Bemühung.
Es braucht keine Absicht.

Verbringe ganz einfach mehr Zeit damit,
herumzugehen im Wissen,
daß du ganz von dieser Kraft umhüllt bist.
Du bist umgeben von all dieser Hilfe.
Daß nicht mehr Menschen
durch diese Kraft geholfen wird, liegt nur daran,
daß sie so voller Anspannungen,
Sorgen und Ängste sind.

Du hast *Hook-up* bereits
das eine oder andere Mal erfahren.
Vielleicht auch öfters.
Du erblickst einen Regenbogen, siehst eine Landschaft,
das Meer oder eines Neugeborenen Gesicht,
und ihre Schönheit rührt dich tief im Innern an,
es verschlägt dir die Sprache.
Könntest du reden, würdest du vielleicht sagen:
»Das, was ich sehe, kann kein Künstler malen.«
In jenem Augenblick erlebst du *Hook-up*.

Oder du siehst aus einem Fenster eine Wolke.
Die Form oder wohin sie gleitet, ist bedeutungslos.
Ist keine Wolke da, nimm eine Blume
oder irgend etwas anderes aus der Natur.
Sei Teil davon - bis du mit der Natur
eins bist.

Hook-up ist wie
in einem riesigen Meer von Wonne baden.

Hook-up ist ein natürlicher Seinszustand.
Mach keine große Sache daraus, es ist nichts Mystisches.
Für mich ist es wie Meditation.
Für andere ist es wie Religion.
Es ist Frieden. Es ist ein vollkommener Seinszustand.

Maharishi Mahesh Yogi mit seiner Privatsekretärin Emily Trager (Frühjahr 1959)

Ich wurde 1958 von
Maharishi Mahesh Yogi
(der die Transzendentale Meditation in den Westen
brachte)
als einer der acht ersten Amerikaner eingeweiht.
Ich erzählte ihm von Mentastik und
Hook-up, wozu er meinte:
»Es ist ganz natürlich, daß man sich
auf einen Zustand tieferen Glückes hinbewegt.
Wann immer du dich in *Hook-up* befindest,
bist du im Höheren Bewußtsein.«

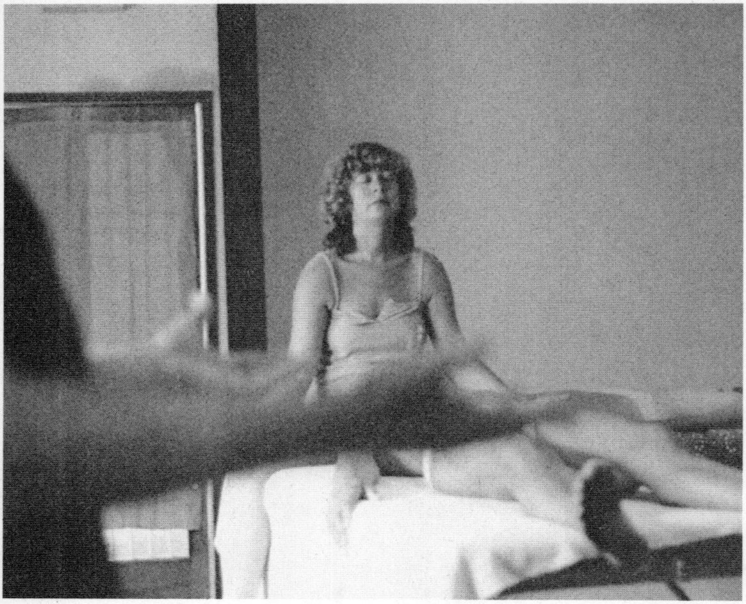

Wenn du wahrhaftes *Hook-up* erfährst,
strahlst du einen solchen Frieden
auf alle um dich aus,
daß sie davon berührt sind
und auf deine Schwingungen ansprechen.
Es gibt weniges, das schöner ist
als dieses Echo.

Die Menschen werden deine Nähe suchen,
oder dir helfen wollen,
nur weil deine Freude und dein Wohlgefühl
ansteckend sind.
    Hook-up ist wie die Masern:
    Du steckst dich bei jemandem an, der es hat.

Die Menschen beurteilen uns nach unserer Ausstrahlung.
Gehen wir die Straße entlang,
    so bildet sich ganz unbewußt und schnell
ein Urteil über jeden, dem wir da begegnen.
Wir schauen etwa einen Menschen an und denken
unwillkürlich:
    »Was für ein schöner Mensch« oder:
    »Dem möchte ich nicht zu nahe kommen.«
Damit reagieren wir auf die Ausstrahlung,
auf die Schwingungen, die von ihm ausgehen.

Wachsen Kinder in Familien auf, die
Hook-up leben, so erfahren sie
Liebe und Kommunikation
offener und freier und handeln dementsprechend.
Gelingt es uns, unseren Kindern
positive Gefühlserlebnisse mitzugeben,
dann werden sie dem Leben
positiv begegnen und eine
positive Selbstachtung entwickeln,
und ihre positiven Schwingungen werden die
positiven Schwingungen anderer anziehen.

Hook-up kann ein Weg für sie sein,
mit den verschiedenen Belastungen
in unserer Umwelt besser fertigzuwerden.
Es ist ein kleiner, aber bedeutungsvoller Schritt
in Richtung auf den Frieden in der Welt.

Im Jahre 1975 lud mich Frau Dr. Thelma Moss
an die Universität von Kalifornien in Los Angeles ein:
Sie wollte eine Gruppe von Heilern
mit Kirlian-Fotografie untersuchen.
Kirlian-Fotografie ist ein elektrophotographisches Verfahren,
das 1939 entwickelt wurde,
um damit die Energiefelder zu messen,
die alle lebende Materie umgeben.

Wichtig für diese Geschichte ist dies:
Ich halte mich selbst nicht für einen Heiler.

Die erste Aufnahme ist das Bild meines Daumens,
bevor ich anfing zu arbeiten.
Der Lichtbereich zeigt mein Energiefeld an.
Ich sollte eine Frau behandeln,
und zwar nach meinem Ansatz
der Psychophysischen
Integration,
der weiter hinten
beschrieben wird.

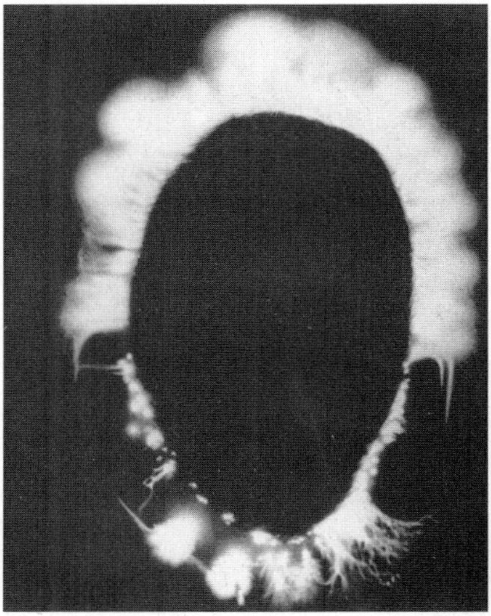

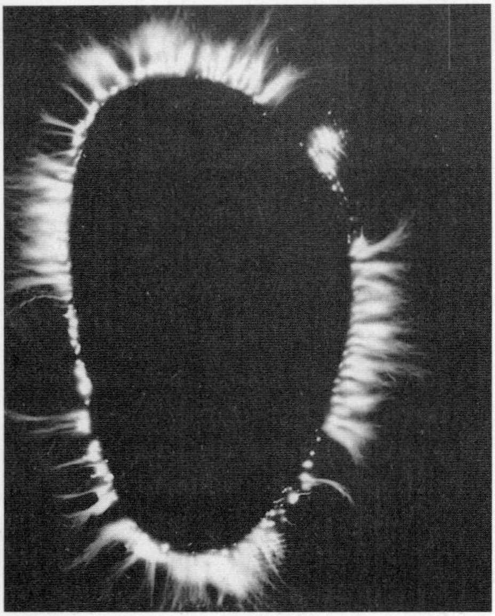

Der Raum war dunkel und voll von Menschen.
Ich mußte überdies statt des Massagetisches
mit der Couch eines Psychiaters vorliebnehmen;
das war sehr unbequem, denn dabei
mußte ich mich auf die Couchlehne setzen.
Ermüdung trat bald ein, und ich wußte,
daß meine Arbeit nicht gut war.

Zwanzig Minuten nach der Behandlung
unter diesen beschwerlichen Bedingungen
wurde ein zweites Foto aufgenommen.
Das Bild zeigt einen Rückgang meiner Energie.

Zu jenem Zeitpunkt hatte ich keine Ahnung,
was auf den ersten beiden Fotos war,
da ich sie alle erst am Ende des Tages zu Gesicht bekam.
Nach dieser zweiten Aufnahme jedoch
forderte mich irgend etwas in mir auf,
ein drittes Bild machen zu lassen,
worum ich denn auch bat.

Bevor das Foto aufgenommen wurde,
begab ich mich etwa 45 Sekunden lang
in *Hook-up*.
Danach hob ich die Hand: Ich war bereit.

Das dritte Bild zeigt deutlich,
wie ausgedehnt mein Energiefeld ist;
hier ist es stärker noch als zu Beginn.
Diese lebenssprühende Energie,
die auf dem Bild
meinen Daumen
umgibt,
ist *Hook-up*.

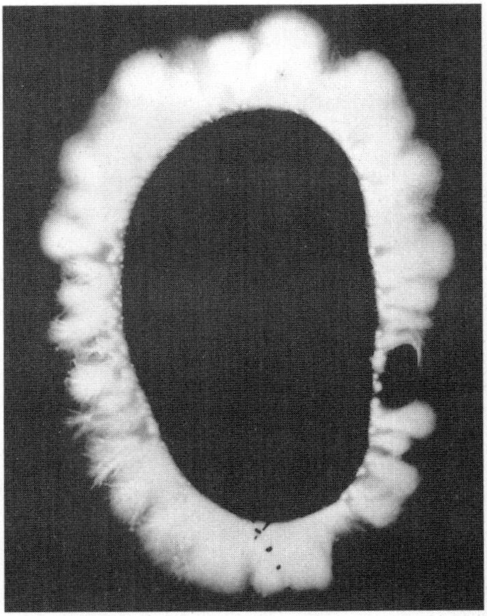

Dein erster Schritt in *Hook-up*
ist Anerkennung, daß es eine Kraft gibt,
die größer ist als du.

Man kann sie messen. Wir wissen, daß sie existiert.

Der zweite Schritt in *Hook-up* ist
Geschehenlassen.
Bemühe dich nicht, es herzustellen,
Bemühen ist Versagen.
Bemühen ist Anstrengung,
und Anstrengung erzeugt Spannung.

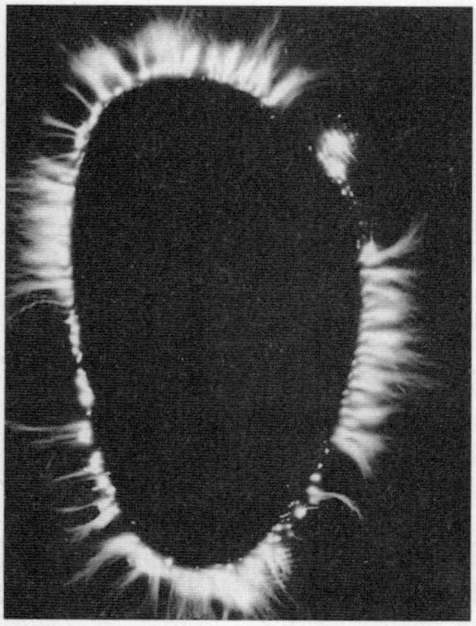

Vor dem Hook-up

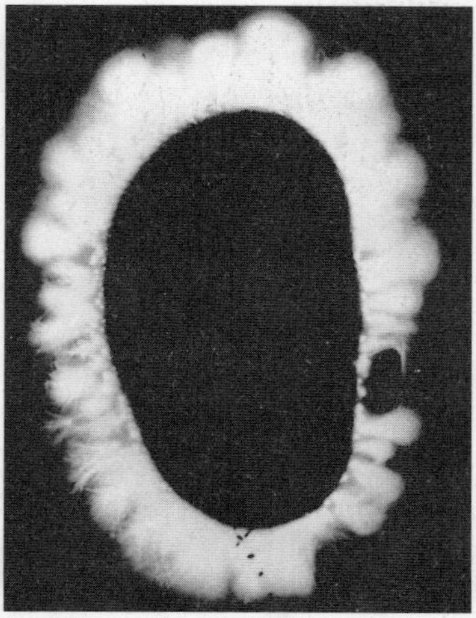

Hook-up

Hook-up ist das Allerwichtigste in der Mentastik.
Im *Hook-up* kann die Mentastik jenen Punkt
meditativer Handlung erreichen, an dem Bewegungen
anstrengungslos und rhythmisch sich ergeben -
wie ein Tanz.
Nun kannst du ein neues und wünschenswertes
leichtes und altersloses Gefühl erleben,
das wohltuend für den Körper ist.
Du kannst dir deines Körpers immer bewußter werden,
je mehr dein Geist
auf feine, zarte Weise,
jede Bewegung lenkt.

Wie weit du dich in der Mentastik entwickelst,
hängt davon ab, wie tief du *Hook-up* entwickelt hast.

Entspannung – ein Gefühlserlebnis

Unter Medizinern ist es allgemein bekannt,
daß Streß eine der wichtigsten Ursachen
von Krankheiten und Leiden ist.
Herzleiden, Magengeschwüre,
Migräne und Kreuzschmerzen,
sind nur einige der Probleme,
die mit ungelöstem Streß zusammenhängen.

Streß ist in unserer Gesellschaft, so wie sie heute ist,
unvermeidlich.
Es gibt jedoch einige sehr einfache
Wege und Möglichkeiten, die du gehen und nutzen kannst,
um mit dem Streß rings um dich herum
fertigzuwerden.

Trager-Mentastik ist ein solcher Weg.

Spannung entsteht im Geist.
Der Körper spiegelt
den Grad der Spannung
der im Geist vorhanden ist.

Zu viele Spannungen beibehalten
heißt eine Menge Energie verbrauchen,
die für andere,
normale Körperfunktionen verwendet werden könnte:
Atmung, Blutkreislauf und Schlaf
werden durch übermäßigen Streß
beeinträchtigt und angegriffen.

Ein steifer Körper läßt sich schlecht bewegen.
Das schränkt auch die Fähigkeit ein,
das Leben voll zu leben und sich daran zu freuen.
Bewegung ist grundlegend für Bewußtheit.
Mentastik und *Hook-up*
bringen den Körper ins Gleichgewicht.

Was ist Entspannung?
Entspannung kann nichts
anderes sein als ein
Gefühlserlebnis.
Genauso, wie der Streß im Innern entsteht,
entsteht Entspannung, auf dieselbe Weise.
Und alles beginnt
mit dem Erleben von *Hook-up,* womit man sich
verändern und weiterentwickeln kann.

Jeder Moment in
jeder Mentastikbewegung
führt darauf zu.

Negative Gefühlserlebnisse
kann man nicht löschen.
Betreiben wir Mentastik,
so sendet jedes feine Schwingen des Gewebes
dem Unbewußten eine Botschaft zu,
in Form positiver Gefühlserlebnisse.
Es ist die Häufung dieser positiven Muster,
welche die negativen Muster ausgleicht,
soweit, bis das Positive überwiegt.

Werden Spannungen und Sperren losgelassen
verspürt man mehr Energie
und hat ein intensiveres Gefühl des Lebendigseins.

Hook-up ist der Schlüssel zur Entspannung.
Schon das Gewicht des Arms zu fühlen,
kann dich in einen
tieferen und besseren
Zustand von *Hook-up* führen.
Hook-up ist äußerst wirkungsvoll, weil
dieses Gefühl des Friedens
im Nu zurückgerufen werden kann,
in jedem beliebigen Moment.

Wir können uns dem Idealzustand
unseres Körpers und Geistes
nur *annähern*.
Vollkommenheit gibt es nicht.
Der Prozeß ist es, der wichtig ist, in dem
wir lernen, ein Gefühl für die Entspannung zu entwickeln.

Wenn du Mentastik ausübst,
laß die Bewegungen im Geist entstehen, indem du fragst:
»Was könnte leichter sein? ... und leichter noch als dies?
Was könnte weicher, sanfter sein? ... und sanfter noch als dies?«
Fühlst du, daß die Bewegung weicher wird,
so bist du erst am Anfang.
Ruf diese Empfindungen zurück, ohne zu fordern.

In deinem Alltag, bei der Arbeit
oder überall, wo du dich verspannst,
erinnere dich einfach an die Leichtigkeit,
die du in der Mentastik erlebst.
Dadurch wirst du einen Zustand der Entspannung erreichen,
der so tief wie das Gefühl ist, das du
in deinem Geist dafür entwickelt hast.

Hab Geduld.
Es ist nicht anstrengender als ein Gedanke.
Dieses Gefühl der Entspannung gehört dir,
wann immer du es brauchst,
solange du lebst.

Mentastik im Sport und bei Verletzungen

Will man Spannungen abbauen,
so bieten sich ganz natürlich
Körperbetätigung und Sport an.
Die Freude daran jedoch, und wie man sich darin ausdrückt,
wird oft in ihrer Qualität vermindert.
    weil sie anstrengend sind.
Mangelnde Bewußtheit oder das Übergehen
    von Warnsignalen des Körpers
kann zu Schmerz, Verletzungen und Frustrationen führen.
Die meisten Menschen steigen aus Trainingsprogrammen
aus, weil sie langweilig sind
    oder zu Verletzungen führen.

MENTASTIKBEWEGUNGEN SIND
NICHT EINFACH KÖRPERÜBUNGEN,
ES SIND GEISTIG GELENKTE BEWEGUNGEN

Das Ziel der Mentastik und das der Körperübungen
    ist nicht dasselbe.
Die Übungen zielen auf
    mehr Muskeltonus, Kraft,
    Ausdauer oder Geschwindigkeit ab.
Das ist anstrengend.
Das Ziel der Mentastik ist *Hook-up.*
Dabei entwickelst du dein eigenes
Gefühl von
    Freiheit, Leichtigkeit oder Sanftheit in dir selbst.
Dieser Prozeß vollzieht sich ohne Anstrengung.

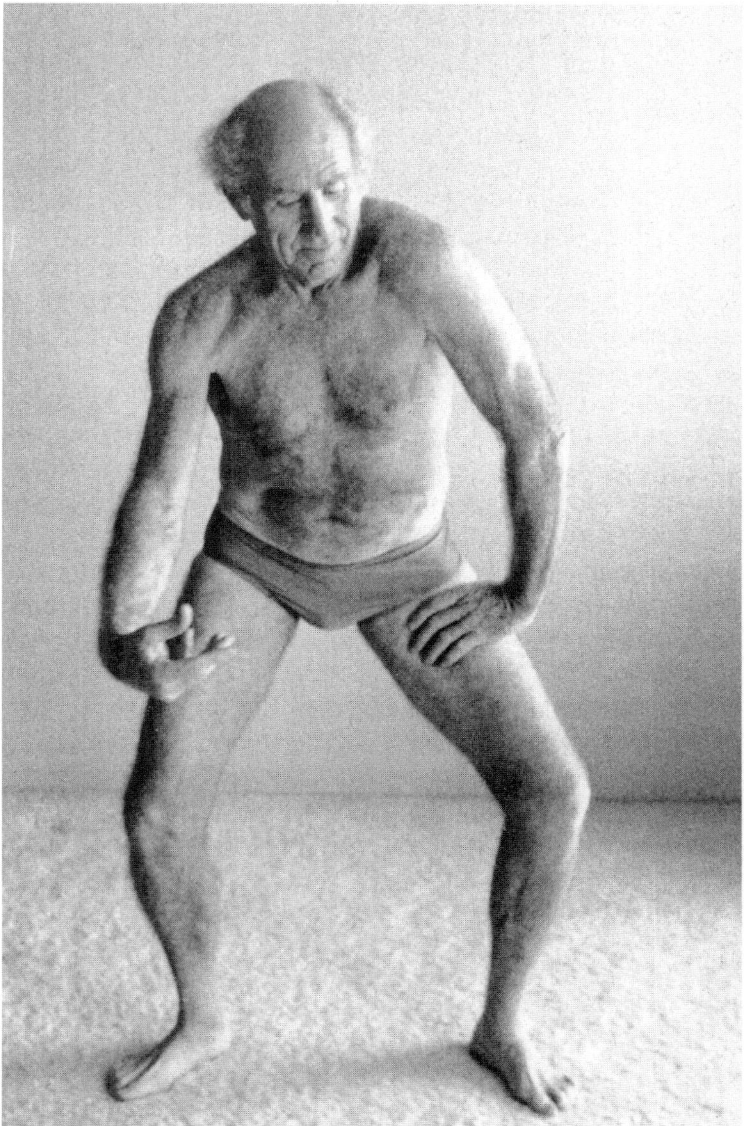

Mentastikbewegungen beruhen nicht auf dem
Prinzip des Zusammenziehens
vielmehr auf dem des Ausdehnens.
Man fühlt eine neue,
wünschenswerte Leichtigkeit, die
dem Körper wohltut.

Sind die Muskeln überbeansprucht, sei es durch
Übungen oder Sport, so entsteht ein Nebenprodukt:
Milchsäure.
Mit dem dadurch empfundenen Muskelschmerz
geht gewöhnlich eine Ermüdung der Muskeln einher,
die dazu führt,
daß der Körper
KOMPENSIERT.
Kompensieren bedeutet, daß andere Muskeln
Arbeit übernehmen müssen,
was die Wahrscheinlichkeit erhöht, daß
Verletzungen entstehen.

Sogar wenn jemand geht,
und er hat einen Kieselstein im Schuh,
wird kompensiert, und zwar von Kopf bis Fuß.
Wann immer du irgendwo verletzt bist
oder übermäßig angespannt,
muß der ganze Körper kompensieren und ausgleichen.

Die Entzündung und der Schmerz, die aus
zuviel Körperaktivität entstehen,
halten gewöhnlich 24 bis 48 Stunden an.
Eine längere Entzündung oder ein akuter Schmerz
deutet auf eine Körperverletzung hin.

Sehr viele Menschen werden sich ihres Körpers erst bewußt,
wenn sie Schmerz empfinden.
Der Körper selbst empfindet keinen Schmerz.
Schmerz wird im Geist registriert.
Der Schmerz führt vom geschädigten Körperteil,
über viele Stationen im Nervensystem
zum Geist.

Mentastik kann bei der Beseitigung von Schmerz
im Körper und Bewußtsein
sehr wirksam sein.
Spiele mit Spannung oder Schmerzen, die du fühlst.
Versuche nicht, sie loszuwerden.
Je angespannter oder schmerzvoller
ein Körperteil sich anfühlt,
desto sanfter mußt du sein.
Wenn irgendeine Bewegung in diesem Buch
zu schwer erscheint,
kannst du sie an dich anpassen und abwandeln
bis sie dir gelingt.
Spiele und entdecke.
Finde deinen eigenen Weg.

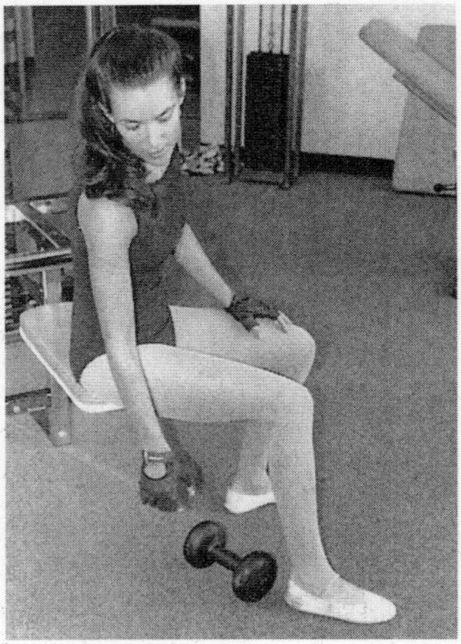

Mentastik kann die Belastungen, die manchmal vom
Gewichtheben,
Joggen und
anderen Körperaktivitäten herrühren,
ausgleichen und neutralisieren.
Man kann ein einfaches, leichtes Gefühl
in sich erzeugen, damit man
weniger Energie für diese Betätigungen braucht.

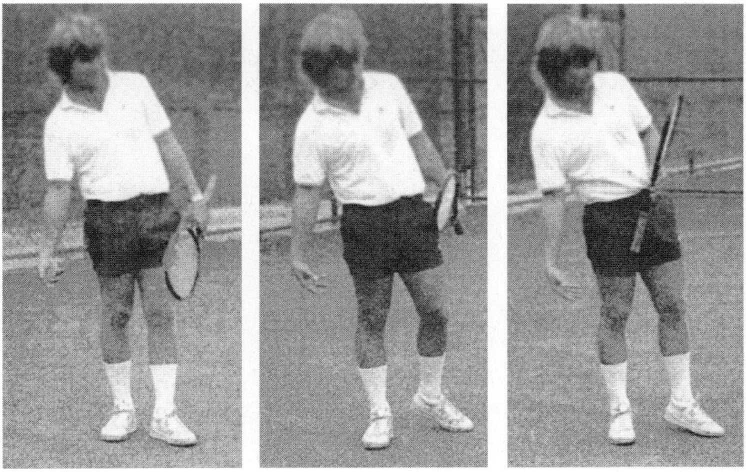

Der Weltklasse-Tennisspieler Bob Blaze bei Mentastikübungen vor dem Aufschlag

Als Beispiele:
Vor und nach jedem Aufschlag,
kann ein Tennisspieler Mentastik für die Arme betreiben;
vor dem Sprung ins Wasser,
kann ein Schwimmer Arme und Beine nach der Mentastik bewegen;
vor dem Kugelstoßen
ist Arm-Mentastik möglich;
bevor er einen Baseball anschlägt,
kann der Spieler Brust, Rücken und die Arme lösen;
bevor man tanzen geht,
kann man Mentastikbewegungen für den ganzen Körper machen.

Mentastik kann auch eine Hilfe sein,
um steife, ungelenke Bewegungen
in fließende, angenehme zu verwandeln.
Gefühle der Anmut und Öffnung können
durch Mentastik entwickelt werden.
Du kannst viel Freude
aus anmutigen Bewegungen schöpfen.

Im *Hook-up*-Zustand
ist es dem Trager-Praktiker möglich,
einfühlsam und
ohne zu ermüden
an einem Körper zu arbeiten.

Mentastik kann dabei helfen,
empfänglicher zu werden,
Körper und
Geist zu integrieren;
oder den Körper für anstrengende Betätigungen
vorzubereiten und zu erwärmen; sie kann
den Geist entspannen,
Verletzungen vorbeugen,
Haltung und Verfassung
eines flexiblen Körpers und Geistes beibehalten helfen,
und
Selbstbewußtheit fördern.

Leichtigkeit wird im Geist entwickelt.
Koordination wird im Geist entwickelt.
Diese Entwicklung kennt keine Grenzen.

Mentastik als Ergänzung der Psychophysischen Integration

Kurz nach der Entwicklung der Mentastik
begab sich etwas, das mein Leben veränderte.
Dieses Erlebnis führte zur Entdeckung und Entwicklung
der Arbeit, die die Mentastik ergänzt, und die ich
Psychophysische Integration
oder einfach den Trager-Ansatz nenne.

Bei diesem Ansatz setze ich die Hände ein, wobei
mein Geist den Händen,
die mit dem Körper des Patienten beschäftigt sind,
eine Botschaft der Leichtigkeit oder Freiheit übermittelt.

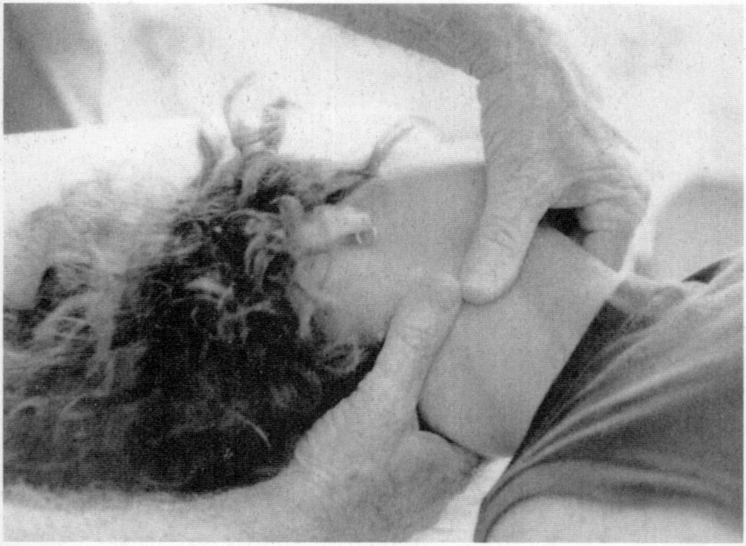

Der Praktiker weiß, wann
die Botschaft den Geist des Patienten erreicht hat.
    Er erfährt es dadurch, wie das Gewebe im Körper
    des Patienten reagiert.
Das bedeutet, daß Gefühlsbotschaften
    von meinem Unbewußten
    ins Unbewußte des Patienten übermittelt werden.

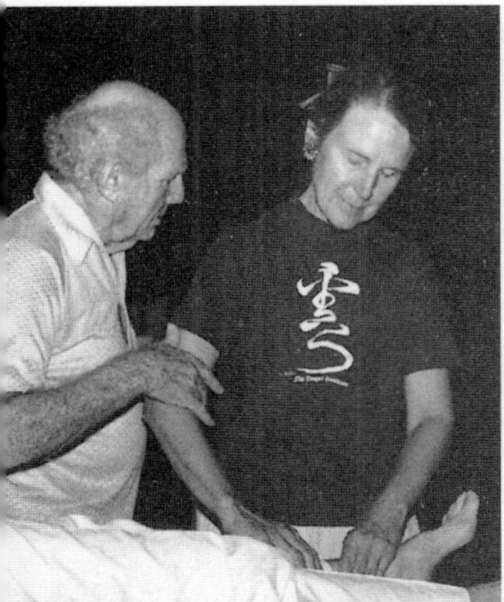

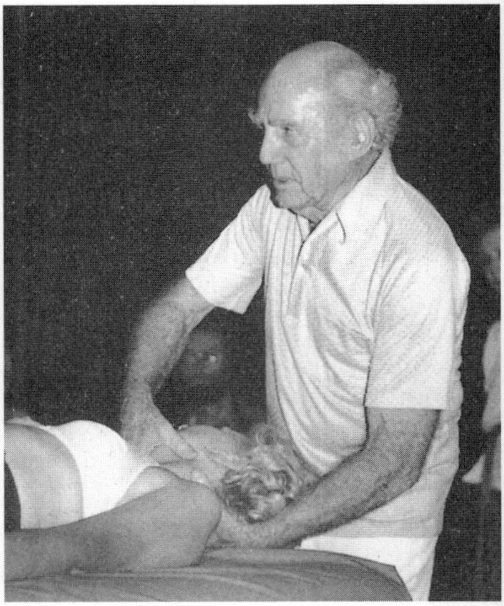

Ich war beinahe achtzehn Jahre alt
und dabei, mich als Berufsboxer auszubilden.
Jeden Tag gab mir mein Betreuer
Mickey Martin
nach dem Training eine Massage,
um meine Muskeln zu entspannen.

Eines Tages sah er sehr müde aus,
da sagte ich ihm, er solle sich auf den Massagetisch legen.
Ich hatte noch nie jemanden auf diese Weise berührt;
meine Hände jedoch begannen Bewegungen auszuführen,
die hilfreich und entspannend auf seinen Körper wirkten.

Mickey drehte sich nach einigen Minuten um und fragte:
»He, Junge, wo hast du das gelernt?«
Ich hatte keine Ahnung, was er meinte, und antwortete:
»Bei dir, Mickey.«
Er sagte: »Ich habe das nie so gemacht.
Ich sage dir:
du hast Hände!«
Nachdem mich Mickey schließlich davon überzeugt hatte, daß
ich »Hände hatte«,
ging ich nach Hause
und behandelte meinen Vater,
der seit zwei Jahren
an Ischias litt.
Nach dieser Sitzung war der Schmerz vorbei
und kehrte niemals wieder.

Erste Arbeitserfahrung von Milton Trager mit einem spastischen Kind, das dank ihm gehen lernte (Miami Beach, 1937)

Ich wurde immer neugieriger und wollte wissen, ob das,
was ich tat, auch anderen helfen konnte.
Meine ersten Patienten waren
Fälle von Kinderlähmung.
Ich arbeitete jeweils am Strand oder
in dessen Umgebung mit den Kindern.
Das war zur Zeit der Kinderlähmungsepidemie.

Als ich 19 war, konnte mein erster Kinderlähmungspatient gehen,
nachdem er vier Jahre gelähmt gewesen war.
Der Erfolg war so ermutigend,
daß ich fortfuhr,
die Psychophysische Integration zu entwickeln.

Im Jahre 1977 schloß ich meine Arztpraxis
in Waikiki auf Hawaii,
um den Rest meines Lebens damit zu verbringen,
Psychophysische Integration und Mentastik
bekanntzumachen und
Lehrer und Praktiker darin auszubilden.

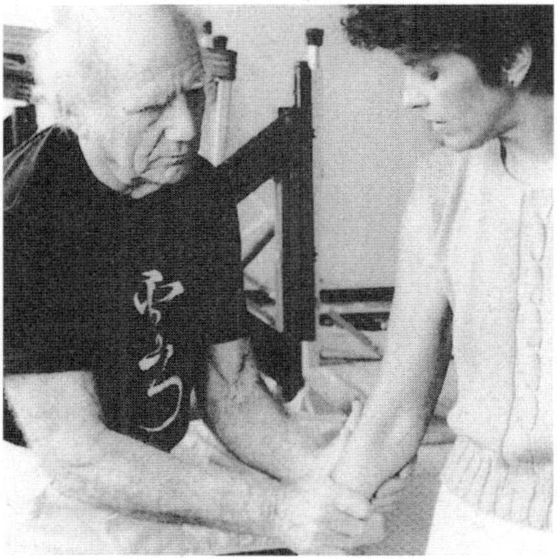

Dr. Trager und »Curly«, einer der Three Stooges, *nach einer Sitzung in Psychophysischer Integration (ca. 1947)*

Die Mentastik ist eine Ergänzung der
Psychophysischen Integration.
Meinen Patienten sage ich,
daß die Mentastik-Bewegungen, die ich sie lehre
GENAUSO WICHTIG sind
wie eine Sitzung auf dem Massagetisch.
Sie ist ein Mittel, das sie einsetzen können,
wann immer sie das Bedürfnis danach empfinden,
ohne auf einen Therapeuten angewiesen zu sein.
Mentastik kann den Körper
offen und schmerzfrei halten.
Sie ist wie Trager-Körperarbeit an dir selbst.

Das Ziel und die Prinzipien der
Mentastik und der Psychophysischen Integration
sind dieselben.
Grundlage ist *Hook-up.*
Die Gefühle dabei sind Leichtigkeit und Freiheit
ohne Schmerz.

Hook-up lenkt die Bewegungen des
Praktikers oder der Praktikerin am Massagetisch;
sie spüren am Körper des Patienten,
wie dieser anspricht.
An diesem Punkt wird der Patient zum Therapeuten.
Praktiker lösen nur etwas aus.

Oft fragen mich die Leute:
»Dr. Trager, warum tun Sie diese Arbeit?«
Die Antwort ist sehr einfach.
Ich tue diese Arbeit, weil ich am Körper spüre, daß
DAS GEWEBE ANTWORTET.
Und diese Antwort ist eine sehr
lohnende und erfüllende Erfahrung.
Ich fühle die Veränderung im Körper
und im Menschen empfinde ich die Veränderung.

Hook-up ist das wichtigste Element zur Wandlung.
Jedesmal, wenn du dich im *Hook-up* befindest,
wächst und entwickelst du dich etwas mehr.
Entwicklung findet im Unbewußten statt.
Meine Arbeit fördert die Entwicklung eines Menschen
als Wesen, das aus Körper und Geist besteht,
das heißt, die Psychophysische Integration.

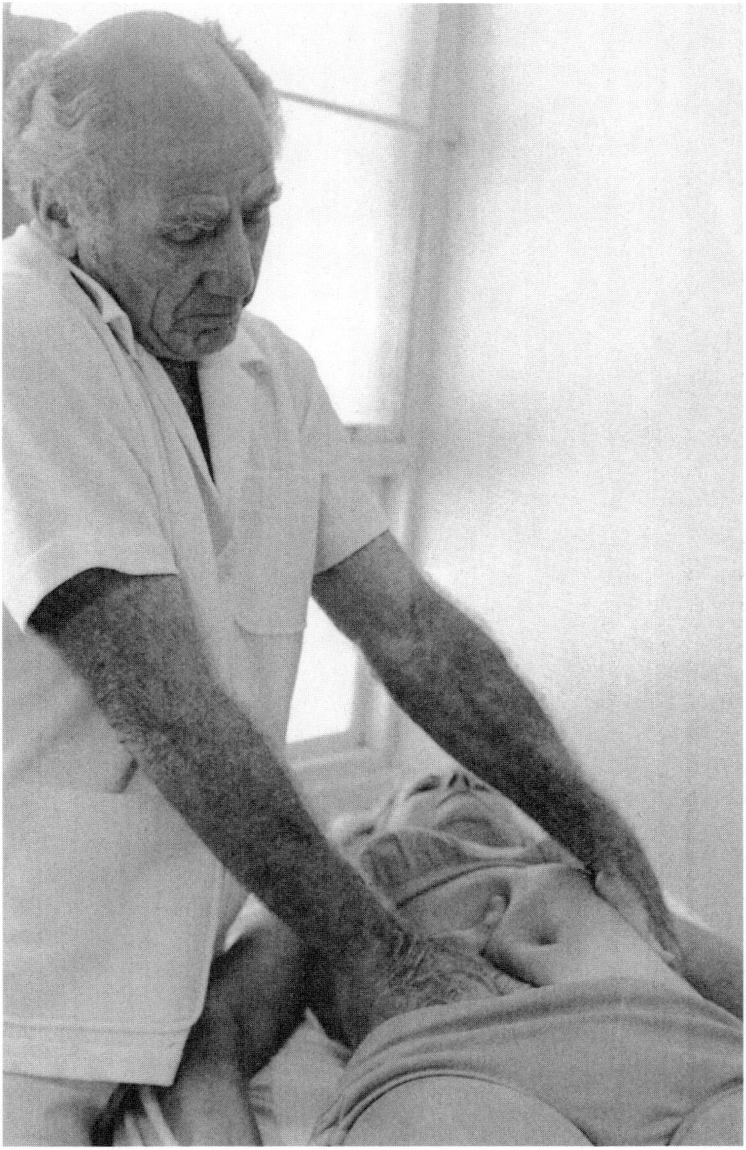

Problem-Rücken

In meiner Privatpraxis habe ich,
als ich Psychophysische Integration betrieb,
mit Tausenden von Problem-Rücken gearbeitet,
und neunzig Prozent brauchten nur
eine einzige Trager-Sitzung.
Der Grund für diesen Erfolg liegt darin, daß die Mentastik
die Rücken dieser Menschen offen und
schmerzfrei halten konnte.
So wirksam können diese einfachen Bewegungen sein.

Ich selbst habe ein angeborenes Rückenleiden,
eine Wirbelverschiebung.
In meinem Fall ist der fünfte Lendenwirbel
über das Kreuzbein nach vorne gerutscht,
worauf ein Zug auf die Kreuzmuskeln entstand.

So habe ich viele Mentastik-Bewegungen
aus meinem Bedürfnis entwickelt,
mir meinen Rücken schmerzfrei zu bewahren.
Mit meinem Rücken kann ich praktisch alles tun.
Ich bin mir meines Problems bewußt,
und deshalb betreibe ich jeden Tag Mentastik.

Die Mentastik hat mir so sehr geholfen,
ist ein so wichtiger Bestandteil meines Lebens,
daß ich Mentastik-Bewegungen ganz selbstverständlich ausführe,
wann immer ich gehe,
von einem Stuhl aufstehe,
oder nach einem Glas auf dem Regal reiche.

Eine Rückenoperation wird nie nötig sein,
dies nur dank der Freiheit,
die ich in meinem Kreuz durch die Mentastik-Bewegungen erhalten kann.
Ich bin einer der wenigen Ärzte,
die keine muskelstärkenden Übungen
bei Rückenproblemen vorschreiben.

Hat ein chronisches Leiden
deinen Rücken einmal befallen,
wird er immer ein
»Problem-Rücken« sein.
Das will aber nicht heißen, daß dieser Zustand
dich in deinen Aktivitäten einschränken muß.

Mentastik kann dein Freund fürs Leben sein.
Führe die Bewegungen täglich aus,
wann immer du spürst, daß du sie gerade brauchst.

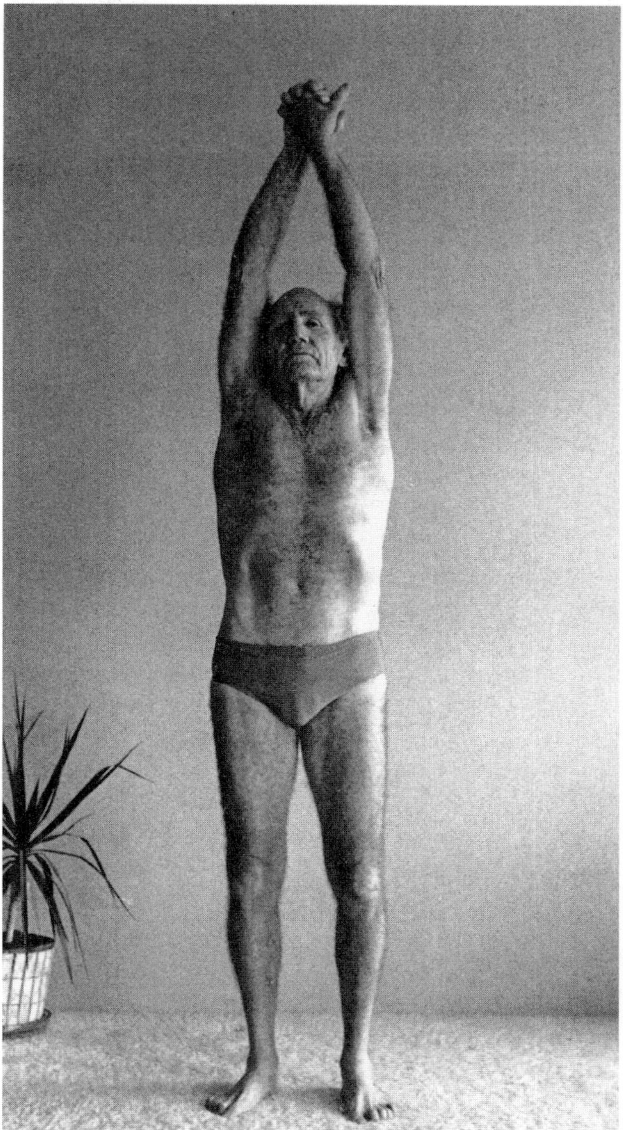

Du kannst Mentastik in deinen Alltag integrieren:
Wenn du etwas Schweres gehoben hast,
führst du sanft Arm-Mentastik aus,
um Spannungen und die Ermüdung aufzulösen.
Wenn du zu lange auf einem Stuhl
oder im Auto gesessen bist,
stehst du auf und
führst sanfte Mentastik-Bewegungen
mit den Beinen aus,
um dich von Steifheit zu befreien.

Gewöhnlich wird
das Sitzen im Auto Kreuzprobleme nur verschlimmern.
Denen, die viel mit dem Auto fahren müssen,
empfehle ich
ein keilförmiges Autokissen,
wobei man auf dem dicken Ende sitzt;
oder ein zusammengerolltes Handtuch,
das man in die Lücke zwischen Sitz
und Rückenkissen steckt.

Versuche nicht, Schmerz oder Steifheit loszuwerden,
indem du sie »austreibst«.
Übst du Mentastik im *Hook-up* aus,
so werden neue, positive Gefühlserlebnisse
über die alten, negativen-Strukturen siegen.

Spiele mit den Bewegungen.
Fühle die Freude über die
einfachen Regungen deiner Muskeln.
Mentastik ist eine Art
Lebendigkeit zu feiern;
Lebendigkeit, die existiert
und die im Körper und im Geist
entwickelt werden kann.

Mentastikbewegungen

Mentastik für die Beine

Eine der wichtigsten Mentastikübungen
für das Kreuz ist das
sanfte Ausschütteln der Beine.

Diese Bewegungen sind auch hilfreich,
bei Schmerzen oder Beschwerden in den Knien.
Ich bringe diese einfachen Beinbewegungen
allen meinen Patienten bei,
auch wenn sie keine Probleme mit dem Rücken haben,
weil sie solchen Problemen vorbeugen.

Schüttele jedes Bein sanft
einmal zu jeder Seite aus,
so, als ob du es von der Hüfte aus fallen ließest.
Fühle, wie deine Oberschenkelmuskeln
dabei mitschwingen.

Verlagere dein Gewicht auf den einen Fuß,
und halte den anderen Fuß nah am Boden
oder so,
daß er fast den Boden berührt.
Das verhindert, daß deine Hüfte sich anspannt
und läßt dich das Gewicht des Beines spüren.

Schüttele das Bein so aus,
daß du beinahe das Gefühl hast,
daß dein Bein aus dem Hüftgelenk hinunterfällt.
Es ist wie ein sehr sanftes Kicken.
Fühle das Schütteln in den Unterschenkeln
und den Knöcheln.

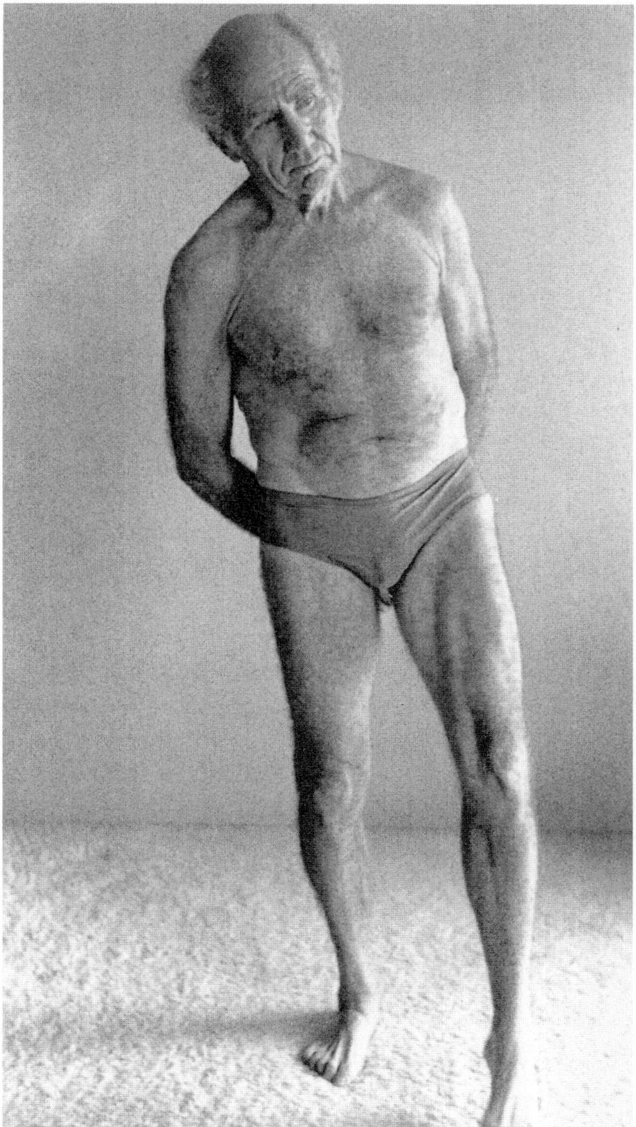

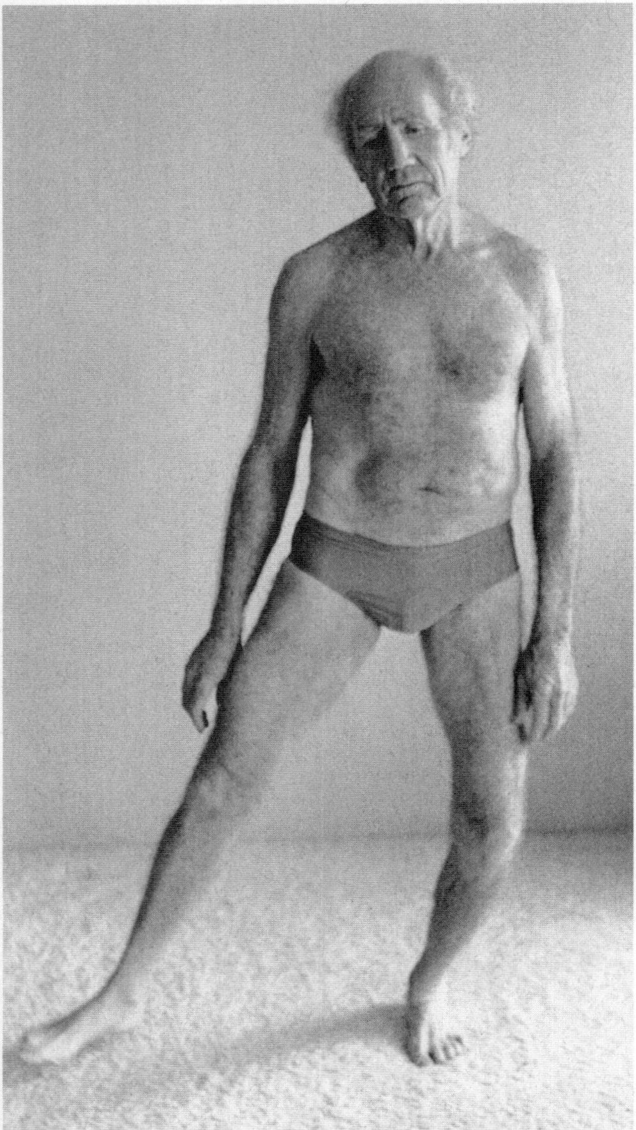

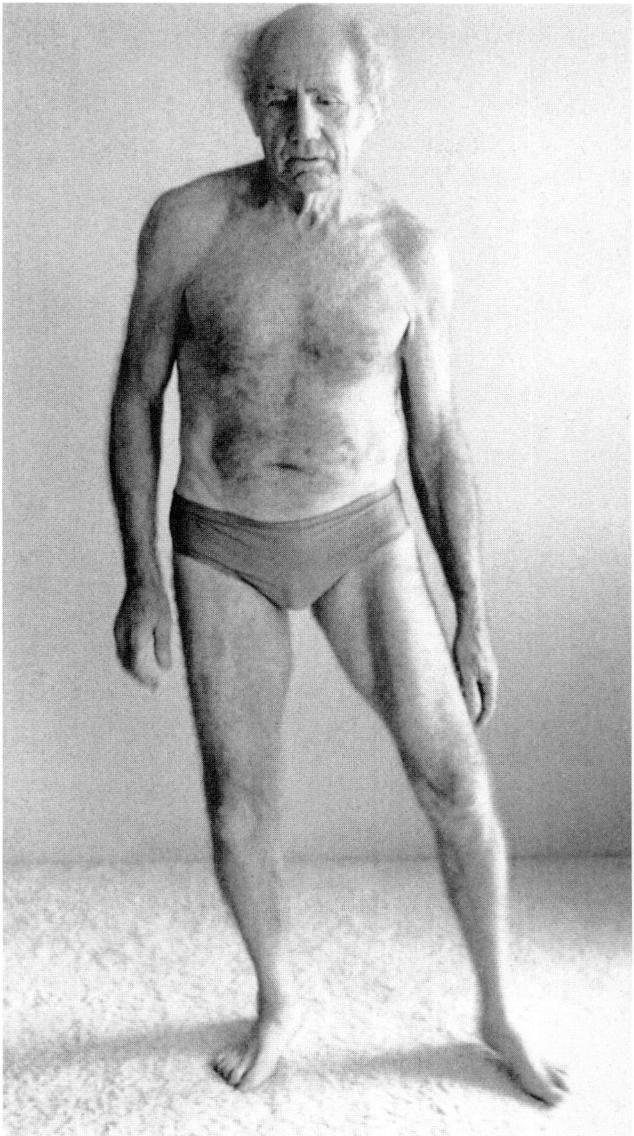

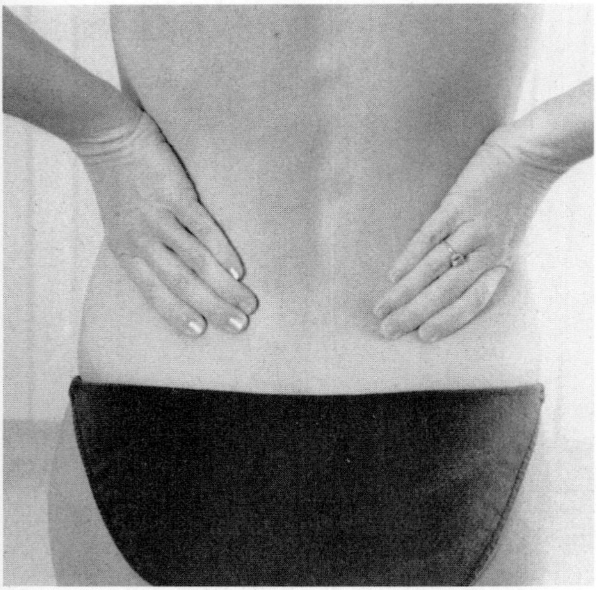

Diese Bewegung löst eine leichte,
natürliche Welle im Kreuz aus,
die sich manchmal bis über
die Mitte des Rückens fortsetzt.
Das kann auch allgemeine Spannungen vermindern.

Diese Welle kannst du fühlen,
wenn du die Finger auf die Knochen
im Kreuz drückst.
Dieses wellenartige Federn,
das du im Kreuz verspürst,
zeigt eine Lösung der Gelenke
in der Lendengegend an.
Ohne diese Welle im Kreuz
nützt diese Bewegung wenig.
Bemühe dich nicht,
die Welle hervorzurufen.
Laß es einfach geschehen.

Fahr fort, die Beine in dieser Art fallen zu lassen,
während du langsam gehst.
Stell dir vor, daß du mit einem sanften Kick
eine Büchse vor dir herrollst. Du bist ganz unbeteiligt,
als kümmere es dich nicht, wohin die Büchse rollt.

Mach kleine Schritte,
ohne das sanfte Kicken zu unterbrechen.
Falls sich Spannung in den Oberschenkeln entwickelt,
hältst du den Fuß zu lange ausgestreckt.
Mit jedem Schritt, den du auf diese Weise tust,
kannst du Raum und Freigefühl in deinem Kreuz bewirken.

Es kommt nie darauf an,
wie stark du das Bein ausschüttelst.
Stoße das Bein nicht mit Kraft von dir weg.
Das sanfte Ausschütteln der Beine
ist keine absichtliche Bewegung.
Es ist wie Nichtstun. Es ist etwas, das geschieht.
Fühle die leichte Welle im Kreuz
und wie das Gewebe in den Beinen sanft mitschwingt.
Laß das sanfte Kicken rhythmisch sein,
schön und ausdrucksvoll wie ein Tanz.

Während du weitergehst und dabei die Beine
aus der Hüfte fallen läßt, nimm wahr, was du empfindest.
Wenn du dich müde fühlst,
dann hör mit der Bewegung auf, und ruh dich aus.
Wenn es dich schmerzt, ist das ein Zeichen,
daß du dich zu sehr anstrengst.
Gehe langsamer und laß zu,
daß die Bewegung vom Geist aus reguliert wird,
indem du fragst:

> »Was ist frei? Was ist leicht?
> Und leichter als das ist ...?«

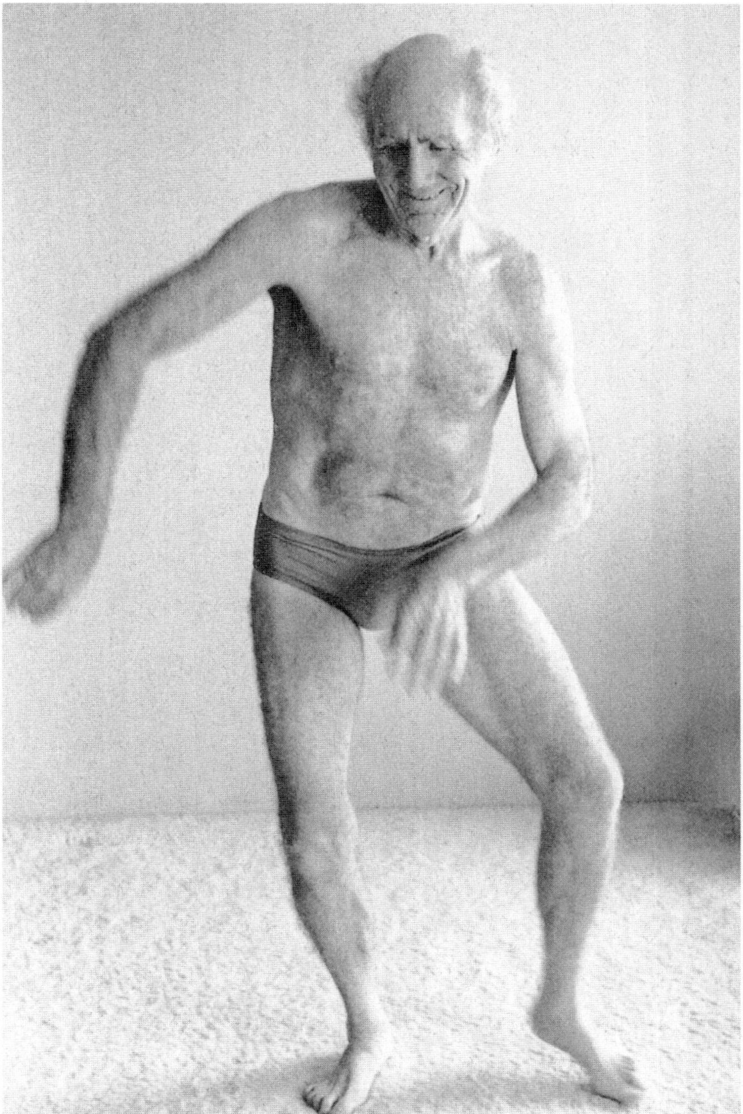

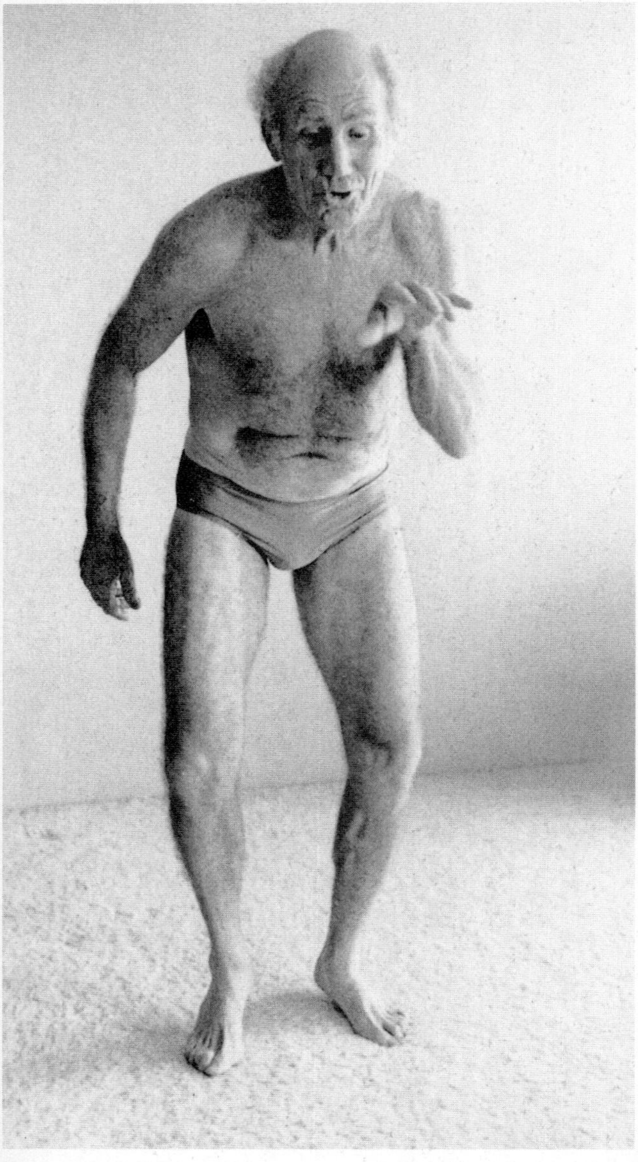

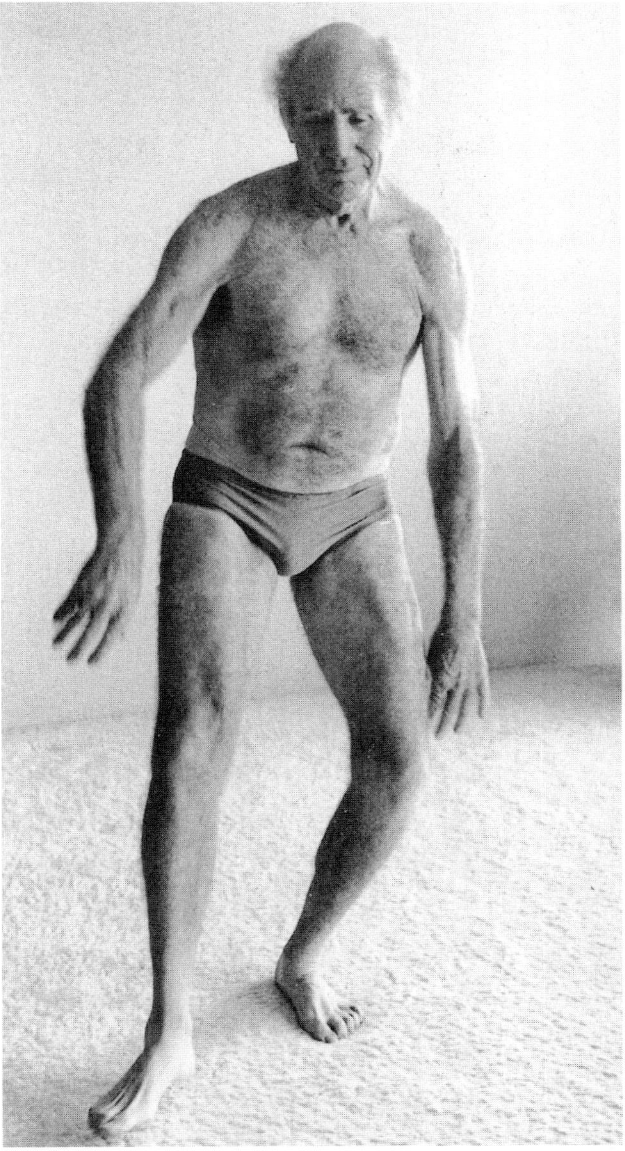

Den Tag hindurch,
wenn du von einem Raum
in einen anderen gehst,
wiederholst du das sanfte Kicken
mit einem immer feiner werdenden Gefühl.
Mit jedem sanften Kick,
entwickelst du
ein immer größer werdendes Empfinden für die Weichheit,
was dein Gefühl von *Hook-up* vertieft.
Für viele Menschen, die an chronischen
Kreuzschmerzen leiden,
ist das sanfte Kicken das einzige Mittel,
das sie brauchen,
um frei von Schmerz zu sein.

Strecken ohne Kraftaufwand – Richtige Körperhaltung

Unsere Körperhaltung spiegelt unsere Einstellung
uns selber und dem Leben gegenüber.
Eine schlechte Haltung ist nicht nur unschön,
sondern kann dazu führen,
daß Muskeln kompensieren und sich überdehnen.
Wegen der zusätzlichen Belastung,
werden die Rückenmuskeln angespannt,
der Brustkorb schließt sich und zieht sich zusammen.

Eine allgemeine Ermahnung während des Wachstums lautet:
»Steh gerade!«
Viele Menschen verbinden eine aufrechte Haltung mit
einer vorgestreckten Brust,
zurückgezogenen Schultern
und einem eingezogenen Bauch.
Diese unnatürliche Körperhaltung
ist nur mit
ständig forcierter Anstrengung möglich.

Eine einfache Art, dich zu strecken, ist die,
von einem Stuhl aufzustehen und dich hinzusetzen,
indem du den Atem zu Hilfe nimmst.

Fang damit an, dir einen Stuhl,
einen harten Küchenschemel oder etwas Ähnliches,
an einen Ort zu stellen, wo dir noch Platz zum Gehen bleibt.
Stell dich so vor den Stuhl hin,
daß die Beine an den Stuhlrand stoßen.
Der Sitz des Stuhls sollte
höher als die Knie sein.

Jetzt fange langsam an auszuatmen,
und während die Luft weiter ausströmt, setzt du dich nieder.
Indem du deinen Atem dich hinuntertragen läßt,
wird die Bewegung ruhig und anmutig.
Um vom Stuhl aufzustehen,
    lehnst du dich leicht nach vorn,
    atmest ein und stehst auf,
    als zöge die Luft dich nach oben.
Jetzt stehst du in deiner
    EIGENEN VOLLKOMMENEN HALTUNG da.

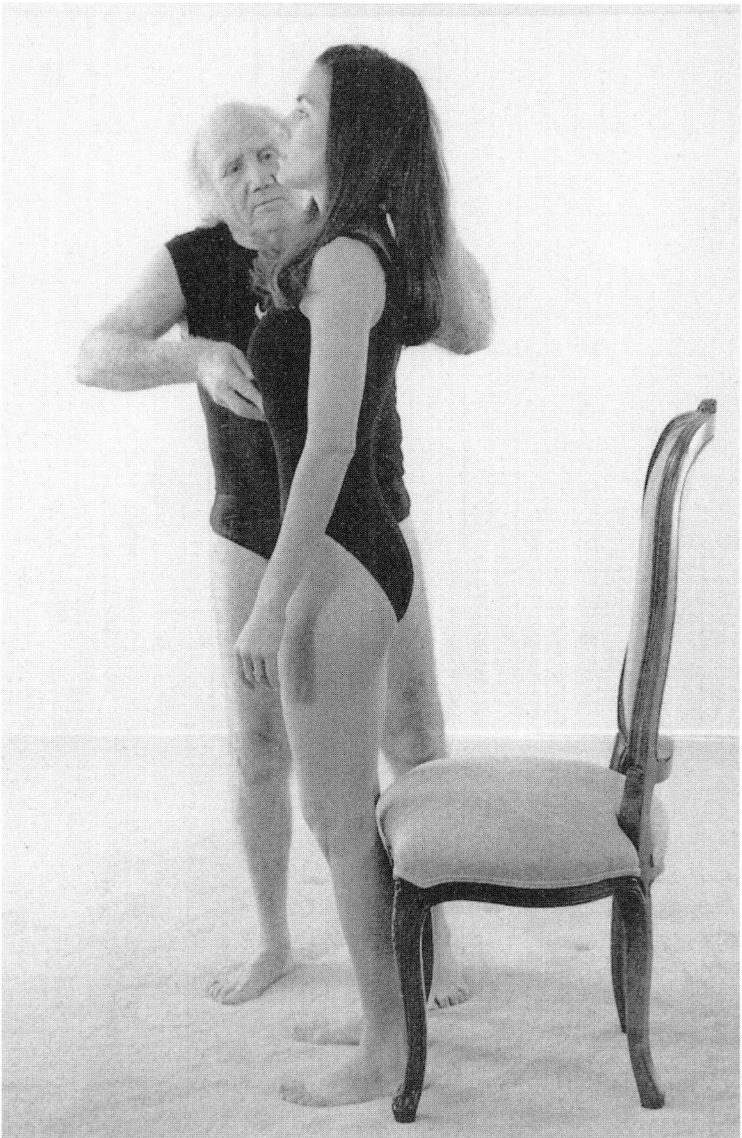

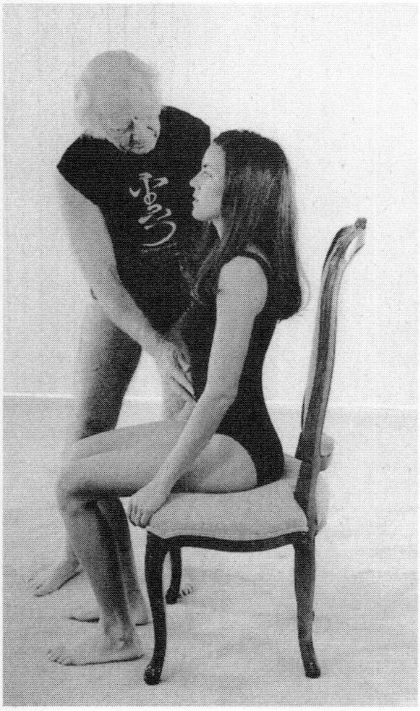

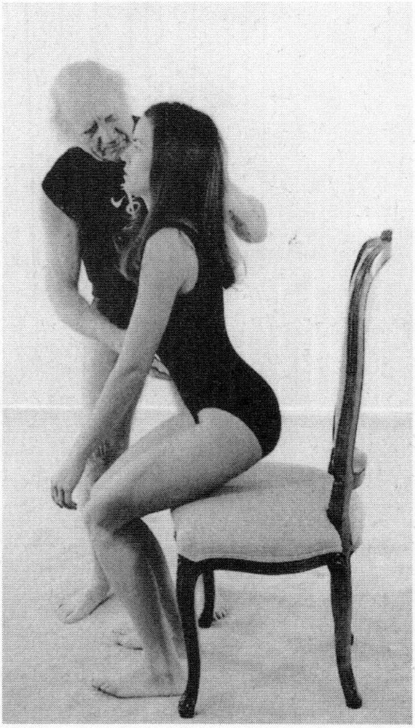

Wiederhole diesen Bewegungsablauf
mehrere Male.

Atme aus, wenn du dich setzt.
Dein Atem strömt im Rhythmus mit dem Niedersetzen aus.
Fühle, wie die Oberschenkel dich hinuntertragen.
Der Rücken wird gar nicht belastet.

Atme ein, indem du dich vom Stuhl erhebst
und dich in die Länge streckst.
Verharre nicht in dieser ausgedehnten Stellung,
verweile einfach geistig dort und fühle dich wohl.
Laß deine Beine aus der Hüfte hängen,
als wärst du eine Marionette.

Werde Teil der Empfindung, länger zu sein.
Genieße dieses Gefühl!
Die Spannung löst sich im *Hook-up*.

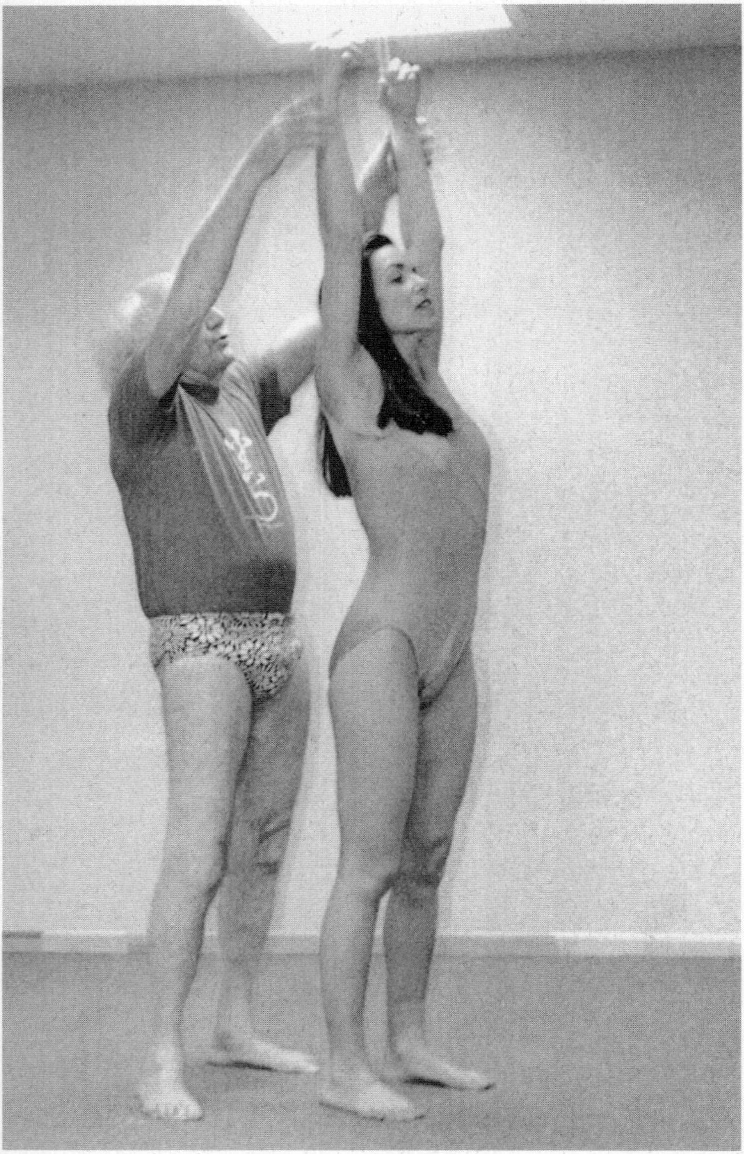

Stehen in dieser freien, verlängerten Haltung
löst den Druck
im Kreuz.
Das neue Gefühl, länger zu sein,
ist bald stark genug,
so daß alte Haltungsmuster verschwinden,
wenn diese neuen und positiven Haltungsmuster überwiegen.

Wenn du dich ein paarmal gesetzt hast
und wieder aufgestanden bist,
wird es sich, wenn du ganz eingeatmet hast,
anfühlen, als schwebe dein Kopf hoch, bis zur Decke.
Stehen und Gehen werden dann
ganz mühelos.

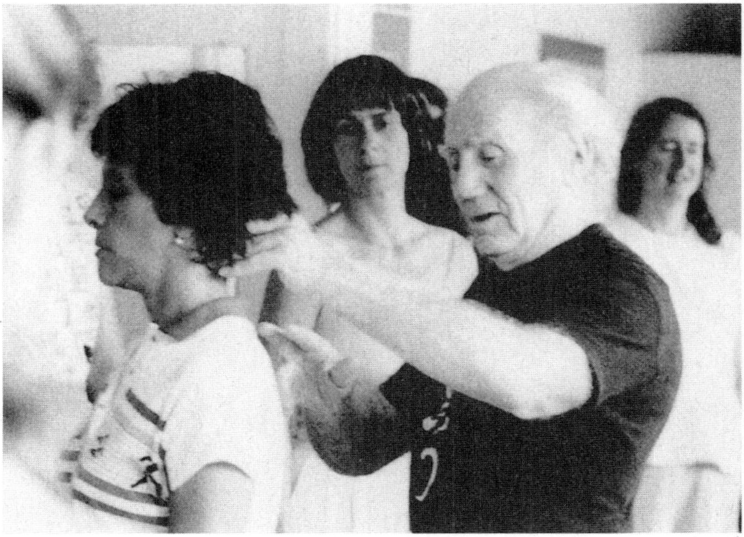

Wiederhole diese Bewegungen zur Schulung deiner Körperhaltung,
und dann geh ein paarmal im Raum herum.
Wiederhole erneut das Aufstehen und Hinsetzen,
bis du im Gehen die optimale Körperhaltung findest.
Die Bewegung mit Hilfe des Stuhles
und das Gehen sind gleichermaßen wichtig,
besonders wenn
Rückenschmerzen akut auftreten.
Überschreite deine Grenzen nicht,
um festzustellen, ob der Schmerz noch da ist -
das ruft ihn zurück und kann einen Muskelkrampf auslösen.

Das Prinzip, sich in Rhythmen zu bewegen,
läßt sich auf andere Bewegungsabläufe übertragen,
etwa auf das Ein- und Aussteigen aus dem Auto
oder auf das Anziehen.
Das Wohlbefinden, das daraus entsteht,
daß du in deiner vollkommenen Haltung stehst,
kann befreiend auf dein ganzes Leben wirken.

Gewichtsverlagerung

Wann immer du auf den Füßen stehst,
gerätst du ständig aus dem Gleichgewicht und stellst es wieder her.
Auch wenn du denkst, du stündest »still«,
pendelt dein Gleichgewicht sich immer ganz fein ein.
Was dich ins Gleichgewicht bringt
und vor dem Fallen bewahrt,
ist ein Reflex.
Er geschieht unbewußt.
Dein Gleichgewicht zu entwickeln und verbessern,
kann dir ein besseres Gefühl
für Körperbewußtsein und Koordination verleihen.

An deinen Fußsohlen sind sehr viele
Tastsinn-Rezeptoren, die auf Druck ansprechen.
Das Gewicht auf den Füßen zu verlagern ist eine Art,
die Rezeptoren zu stimulieren,
    was das Körperbewußtsein erhöht und das
    Gleichgewicht verbessert.

Stelle die Füße schulterbreit auseinander,
und halte die Knie ganz leicht gebeugt.
Verlagere dein Gewicht von einem Bein aufs andere,
so daß du fühlst, wie der Druck sich von der Innen- zur
Außenseite des Fußes hin verlagert.
Beide Füße bleiben ständig mit dem Boden in Berührung.
Die Hüften schwingen nicht.
    Spüre einfach deine Fußsohlen.

Verlagere dein Gewicht auf jede Seite
nur bis zum Punkt,
    an dem du aus dem Gleichgewicht geraten würdest.
Fühlst du, daß du dich anspannst,
oder einen Fuß vom Boden hebst,
verringere die Bewegung.
Geh in die Empfindung in deinen Fußsohlen hinein;
spüre die unterschiedliche Druckverteilung in deinen Füßen,
wenn du alle Tastsinn-Rezeptoren anregst.

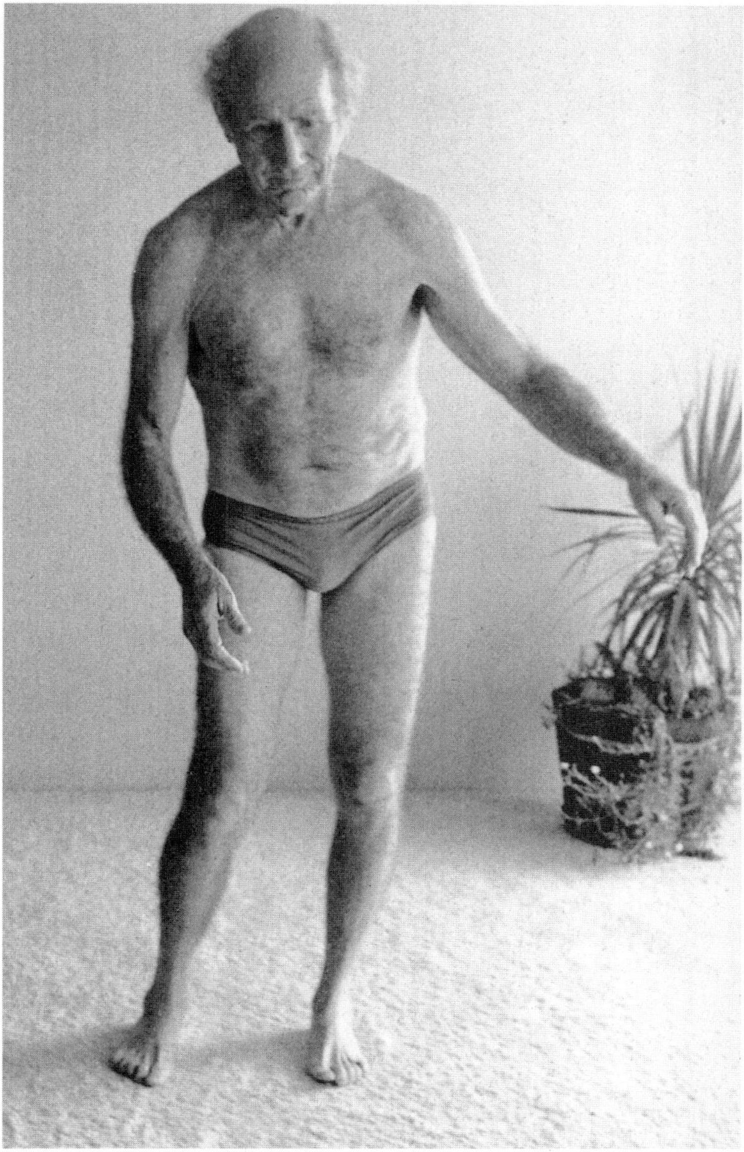

Du kannst dein Gewicht auch nach vorne und hinten
verlagern.
Wenn du dich nach vorne lehnst,
spürst du, wie die Zehen sich in den Boden
oder Teppich graben.
Lehnst du zurück,
fühlst du die Muskeln im Gesäß und Rücken sich ein wenig
anspannen.
Geh nie über jenen Punkt hinaus, an dem du beginnst,
dein Gleichgewicht zu verlieren.

Ich verwende diese Übung
der Gewichtsverlagerung immer dann,
wenn ich meinen gelähmten Patienten
das Gefühl für
Gleichgewicht beibringen will.
Damit sie gehen können,
müssen erst die Reflexe entwickelt werden,
damit sich das Gleichgewicht
automatisch reguliert.

Benutze die Gewichtsverlagerung,
um deinen ganzen Körper frei und
im Fluß zu halten.
Das feine Druckgefühl in deinen Füßen
kann dich in
    Hook-up führen.
Du kannst diese Übung überall anwenden,
besonders nützlich ist sie aber,
    wenn du irgendwo warten oder Schlange stehen mußt.

Die feine Gewichtsverlagerung
von einem Bein aufs andere
versetzt dich in einen
Zustand des Nichtseins.
Und dieser Zustand des Nichtseins
    ist alles.

Seitliche Dehnung

Eine Fortführung der Gewichtsverlagerung
ist die seitliche Dehnung.
Verschränke die Hände über dem Kopf,
und strecke dich hoch.
Die Arme sind gerade, aber entspannt;
sie führen bei den Ohren hoch.
    Du strengst dich nicht an.

Verlagere dein ganzes Gewicht auf den linken Fuß,
so daß du den rechten
vom Boden heben könntest.
Biege deine Hüfte nach links,
und strecke die Arme rechts nach oben.
So dehnst du deine linke Körperseite.

Verlagere dein ganzes Gewicht auf den rechten Fuß,
und laß deine Hüfte nach rechts schwingen,
während du die Arme links nach oben dehnst.
So dehnst du die rechte Seite deines Körpers.

Mach eine lange, schöne Bewegung daraus.

Die seitliche Dehnung ist eine lange, wunderschöne
Entdeckungsreise
von deinen Händen zu den Fersen.
Fühle, wie lang und schön das ist, und werde Teil davon.

Fahre fort, dein Gewicht zu verlagern und dich rhythmisch
von Seite zu Seite zu bewegen.
Führst du die Bewegung rhythmisch aus,
ermüdet sie dich nicht.
Diese Dehnung wird langsam ausgeübt und
im *Hook-up*.
Laß zu, daß der Rhythmus sich von selbst einstellt,
während du dein Gewicht weiter verlagerst.

Da gibt es keinen Schmerz, kein Unbehagen.
Nur die angenehme Empfindung,
die Hüften im Rhythmus zu wiegen und
das Gewicht auf deinen Füßen zu verlagern.
Stelle die Fragen:
»Was ist weicher, sanfter? Was ist freier?
Was ist länger?« und
du wirst sehen, wie du in *Hook-up* kommst,
und die Bewegung dann ganz mühelos und fließend wird.

Gestatte dieser rhythmischen Dehnung,
deinen Körper und Geist mit dem Gefühl der
Länge und Schönheit zu erfreuen.

Mentastik für die Arme

Verspannungen und Schmerzen im Nacken, den Schultern, dem oberen Teil des Rückens und den Armen können durch Mentastik-Bewegungen für die Arme gelindert werden.
Das Gefühl bei der Arm-Mentastik und ihr Wert entstehen daraus,
daß du das Gewicht von Arm und Hand
wahrnimmst und damit spielst.

Hebe die Arme langsam vor dir hoch:
Ellbogen und Handgelenke sind entspannt
und leicht gebeugt.
Hebe sie bis zur Höhe deiner Brust
mit der Handinnenfläche nach unten.
Spüre das Gewicht deiner Arme.

Laß dann die Arme in ihrem ganzen Gewicht und ihrer Schwere herunterfallen und an deiner Seite langsam ausschwingen.

Hebe deine Arme wieder langsam vor dir hoch.
Sei Teil ihres Gewichts.
Spüre, wie die Arme derart schwer werden,
daß du sie kaum mehr oben halten kannst.
Dich mit dem Gefühl des Gewichts zu verbinden
kann dich in
Hook-up versetzen.

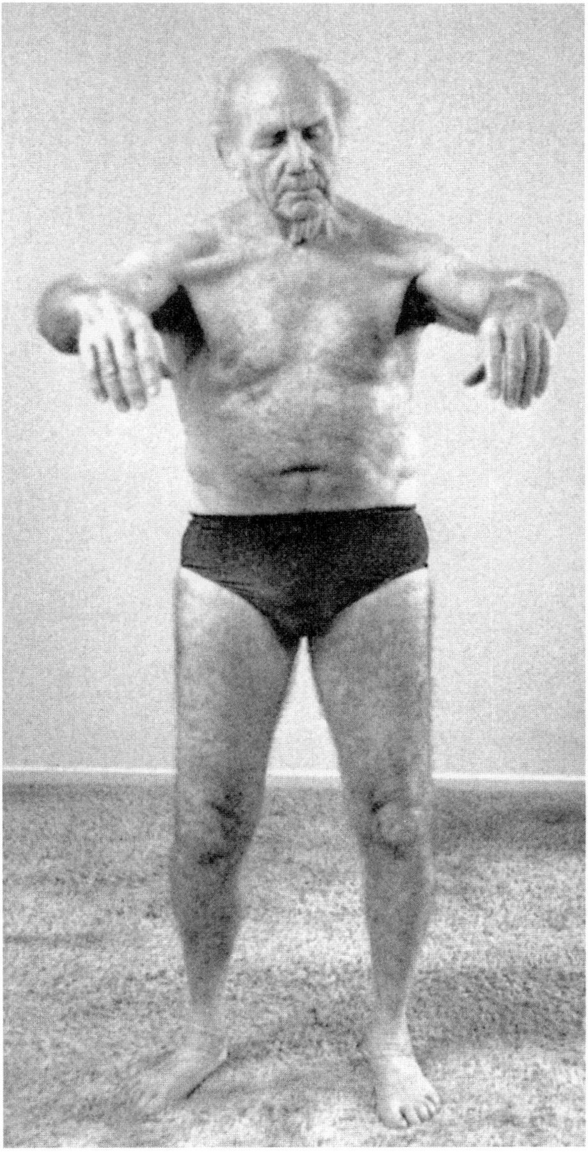

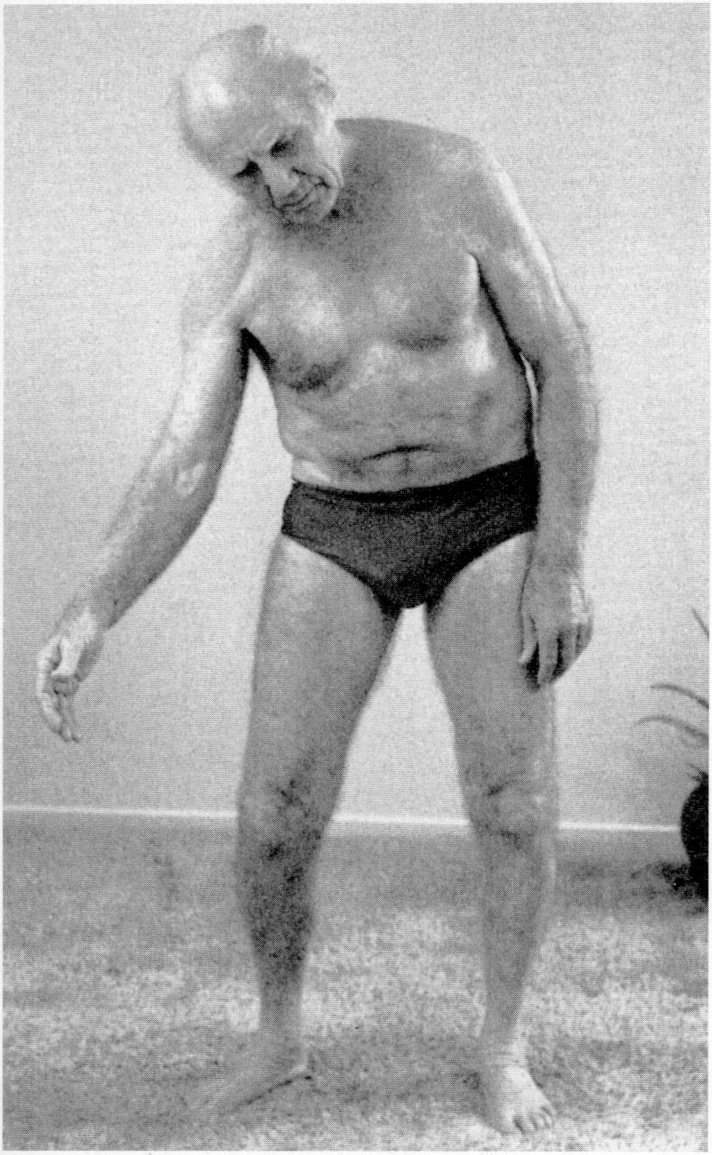

Laß deine Arme beidseits herunterfallen.
Führe sie nicht willentlich hinunter.
Die Schwerkraft wird schon dafür sorgen, daß sie
hinunterfallen und pendeln.
Du aber hast bewußt
mit der Bewegung nichts zu tun.

Wähle den Arm, der sich freier anfühlt,
und laß das Gewicht ihn von der Schulter herunterziehen.
Laß den Arm nahe an deinem Bein herabhängen.
Schon das allein ist eine sanfte Dehnung
und bewirkt Öffnung im Nacken sowie in den Schultern.
Beuge darauf den Ellbogen, und laß den Arm einfach fallen.
Halte einen Augenblick inne ...; dann frage:
»Nun ... wie hat sich das angefühlt?«

Werde Teil des Gefühls und frage weiter:
»Was ist freier als das?«
Dieser Prozeß wird dich in einen
feinen Zustand von *Hook-up* versetzen.

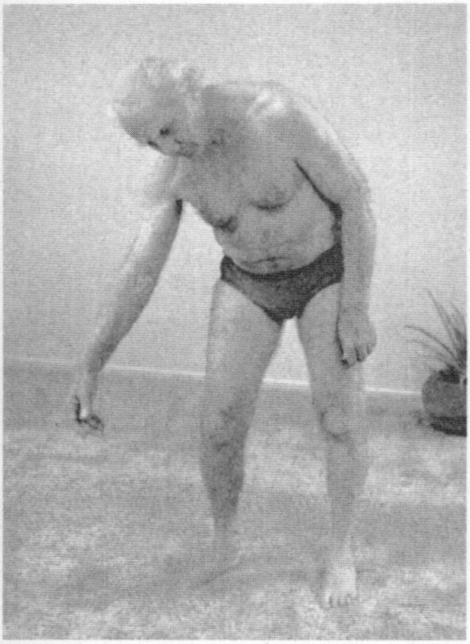

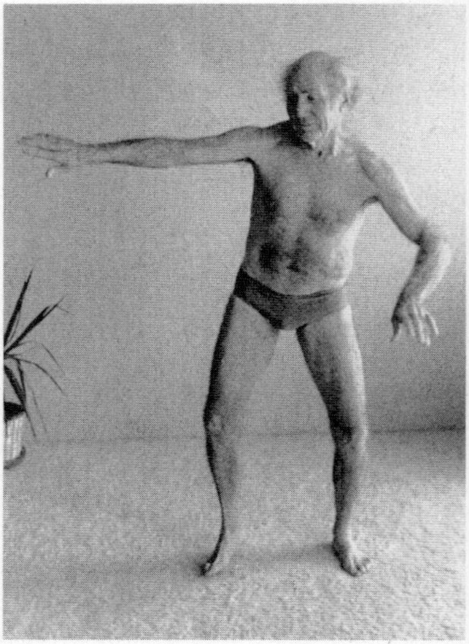

Nicht deine Worte sind es, die das Gefühl bewirken.
Du entwickelst dich, indem du
das Gefühl ERLEBST.
Erwarte eine Antwort.
Sie mag etwa so lauten:
»O ja, das fühlt sich leichter an.
Das ist leichter und besser.«

Bringe ein feines Schwingen in deine Arme,
indem du das Gewicht des Daumens spürst
und damit spielst.
Du kannst ein feineres Gefühl für das
Gewicht des Daumens empfinden,
indem du die Hand so hältst und bewegst,
als strichest du über die Saiten einer Gitarre.
Alle Finger sind Teil der Bewegung.

Jetzt spürst du, wie das feine Schwingen
die Muskeln in deinem Unterarm bewegt,
auch Ellbogen sowie Oberarmmuskeln.
Das feine Schwingen reicht vom Daumen bis zur Schulter.
Bemühe dich nicht, die Muskelregungen auszulösen.
Laß dieses feine Schwingen einfach geschehen,
als flüsterte es leise:
»Hallo Muskeln!«

Oft fragen meine Schüler mich:
»Woher kommt die Bewegung?
Kommt sie aus meiner Schulter,
aus meinem Arm oder aus meiner Hand?«
Ich sage ihnen,
»Sie entsteht in deinem Geist.
Und wenn die Bewegung
nicht in deinem Geist entsteht,
dann strengst du dich zu sehr an.
Es ist etwas, das einfach geschieht.«

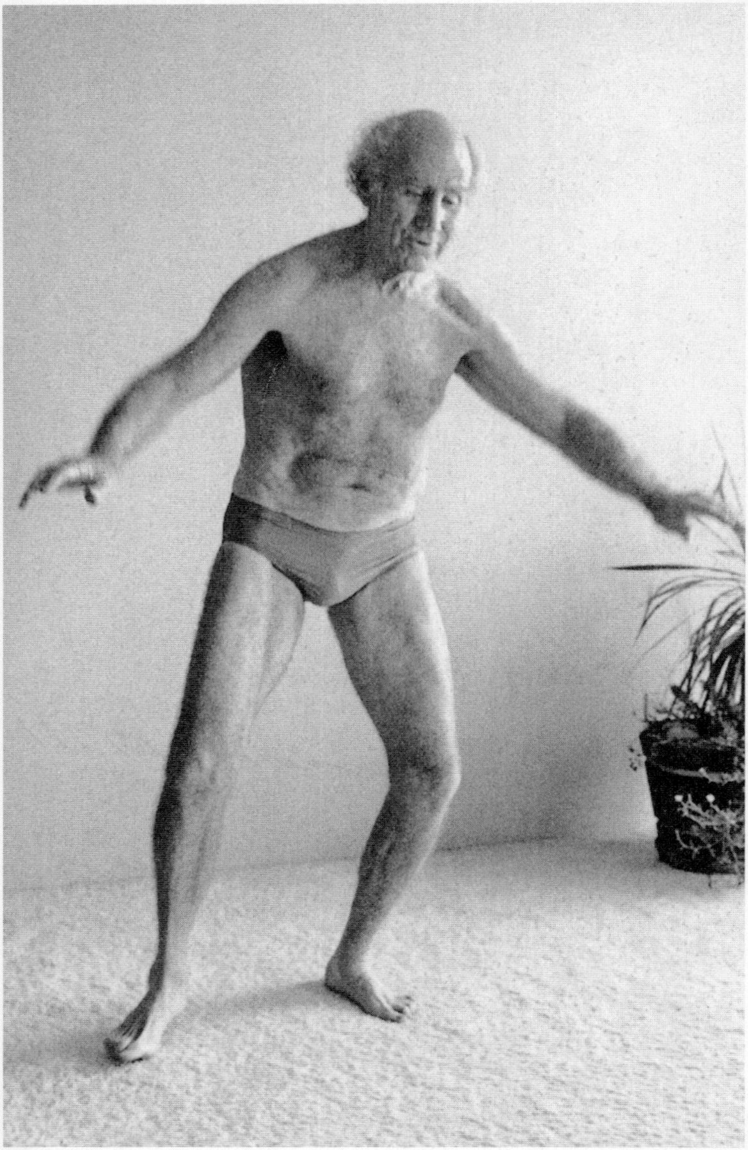

Schwinge deinen Arm vor dir hin und her,
und laß dich dabei von seiner Schwungkraft tragen.
Spüre den Raum, den du in den Schultern
und in der Brust schaffen kannst,
wenn du deinen Arm seitwärts
fein zum Schwingen bringst.

Hebst du den Arm mit dem geringstmöglichen
Muskelaufwand hoch,
biegt sich der Ellbogen in dem Moment,
wo du das Gewicht des Unterarmes losläßt.

Spürst du Verspannungen
irgendwo in deinem Arm oder der Hand,
    dann verlangsame die Bewegung.
Du kannst das feine Schwingen nicht spüren,
wenn du dich zu schnell bewegst.

Laß die Bewegung
weich, stetig, rhythmisch und beruhigend sein,
    als legtest du einen Säugling schlafen.

Wiederhole diese Mentastikübung
mit dem anderen Arm.
Von selbst wird sich das
Gefühl der Leichtigkeit
auf diesen übertragen.
Du kannst auch fragen und dich erinnern:
    »Wie fühlte sich dies
    auf der andern Seite an?«

Damit du ein tieferes und feineres Gefühl
für Leichtigkeit und *Hook-up* entwickelst,
führst du den Arm vor dem Körper entlang
auf die andere Seite,
    als stießest du die Luft weg;
laß die Bewegung stetig sein,
ohne zu zögern.
Bewahre dieses Gefühl im Arm.
Es braucht keine Kraft.
    Wie leicht kannst du die Luft wegschieben ...

Verbinde diese Bewegung mit einem weiten Schwung
herauf zum Kopf und um ihn herum,
als wolltest du deine Haare bürsten.
Es ist eine ununterbrochene Bewegung.
Diese Bewegung wird Arme und Brustkorb
mit einem Gefühl der Schönheit und Weichheit erfüllen.

Freue dich daran, wie leicht und
alterslos deine Arme sind.
Je leichter das Gewebe wird,
desto weniger altert es.
Entdecke deine Fähigkeit, dich besser
zu bewegen, und spiele damit.

Spiele.
Fühle.
Sei einfach da.

Arme schwingen

Beim Armeschwingen kannst du ein Gefühl der Freiheit
im ganzen Körper,
besonders im Brustkorb und im Schultergürtel empfinden.
Durch das vollkommene und mühelose Schwingen
mit den Armen
kannst du eins
mit dem Gewicht in deinen Armen werden.
Durch das Gefühl des Einsseins
gelangst du in *Hook-up*.

Stelle die Füße schulterbreit auseinander –
die Knie sind ganz leicht gebeugt.
Die Arme hängen an der Seite;
und dann beginnst du sanft zu schwingen,
so, daß die Arme sich um deinen Körper legen.
Fühle, wie der Schwung des Gewichts der Arme,
die Bewegung auslöst.

Während du schwingst,
folgst du der hinteren Hand mit den Augen.
Die Füße bleiben auf dem Boden.
Schwing weiter und hebe langsam deine Arme,
die Handflächen nach unten.
    Fühle, wie der kleine Finger die Luft durchschneidet.
Die Arme sind leicht unter Schulterhöhe,
so daß deine Hände sich um den Körper wickeln könnten,
unter den Achselhöhlen hindurch.
Kommt eine Spannung auf oder wird es etwas beschwerlich,
    dann laß die Arme etwas tiefer sinken.

Bringe die Arme nicht in eine bestimmte Stellung.
    Laß sie einfach schwingen.
Es ist eine weite, fegende Bewegung.
    Es ist ein Gefühl des Loslassens - der Hingabe.

Führe die Bewegung so langsam aus, daß du spüren kannst,
wie das Gewicht der Arme dich mitzieht.
Wenn deine Augen die hintere Hand begleiten,
sieh zu, daß sie nicht sinkt.

Die Arme schwingen auf gleicher Höhe hin und her.

Fühle, wie sich Brustkorb und Schultergürtel öffnen.
Spüre die Drehung und das Freigefühl in der Wirbelsäule.
Fühle, wie sich das Armschwingen auf den ganzen Körper,
vom Kopf bis zu den Füßen auswirkt.
Diese schöne Geste bringt dich
dem alterslosen Sein noch näher.

Die Windmühle

Die Windmühle ist eine Bewegung,
die den Schwung aus dem Gewicht der Arme nutzt,
ganz ähnlich wie beim Armeschwingen.
Sie ist wunderbar, um Taille, Rippen und Hüften
frei zu bekommen.

Neige dich aus der Taille nach vorne,
und hänge einfach hinunter.
Halte die Knie leicht gebeugt.
Laß den Kopf los, so daß auch dieser hängt.
Wirf deine Arme zum Schwung zurück.
Folge mit den Augen deiner hinteren Hand:
so daß eine größere Drehung möglich wird.

Der Rumpf schwingt nicht und bewegt sich nicht auf und ab.
Halt ihn schön waagrecht,
während du ihn drehst.
Verspürst du Schwindel,
so verlangsamst du die Bewegung.
Komm auch langsam aus der Windmühle heraus,
um den Schwindel nicht zu fördern oder
das Gleichgewicht zu verlieren.

Die Windmühle ist eine rhythmische Drehung, in der
die Arme rückwärts und hinauf zur Decke schwingen.
Freue dich am Prozeß, durch den du die Freiheit
in deinem Körper, deinem Geist entdeckst.

Weite deinen Brustkorb aus - entwickle Hook-up

Lege die Fingerspitzen auf das Schambein,
und gehe weich in die Knie (Abb. 1).
Gleite mit den Fingern hoch, am Leib entlang
und übermittle dem Gewebe in deinem Bauch
ein erhebendes Gefühl.

Gleite weiter hinauf, bis unter die Rippen.
Wenn du hinaufgleitest,
ziehst du die Bauchwand so ein,
als könnte sie deine Wirbelsäule berühren (Abb. 2).
Das Gefühl für diese Bewegung
entsteht im Bauch und im Brustkorb.

Abb. 1

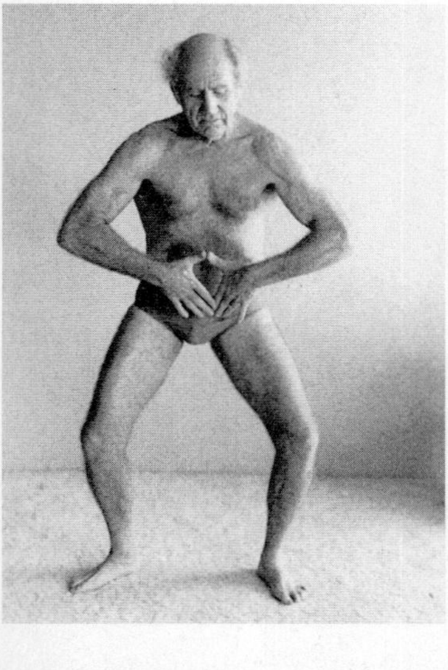

Abb. 2

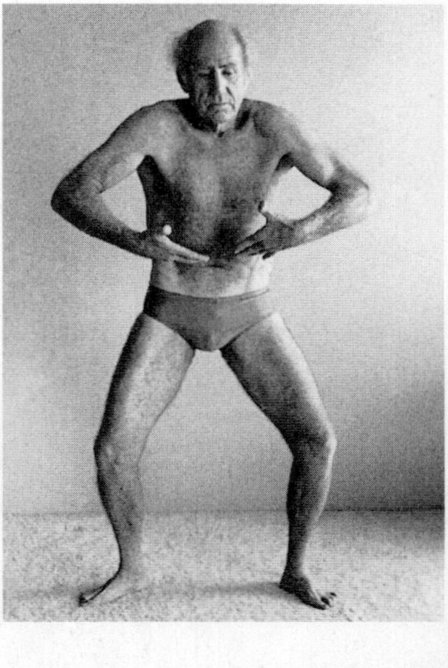

Laß dich von deinem Brustkorb inspirieren, dich in der Bewegung auszudrücken.

Führe dieses Gefühl der Offenheit und Schönheit
über deinen Bauch hinauf zu deiner Brust,
indem du deine Arme erhebst, auf Brusthöhe öffnest und
in einem Kreis sanft nach außen bringst.

Es ist eine Geste des Gebens.
Die Knie bleiben weich. (Abb. 3)

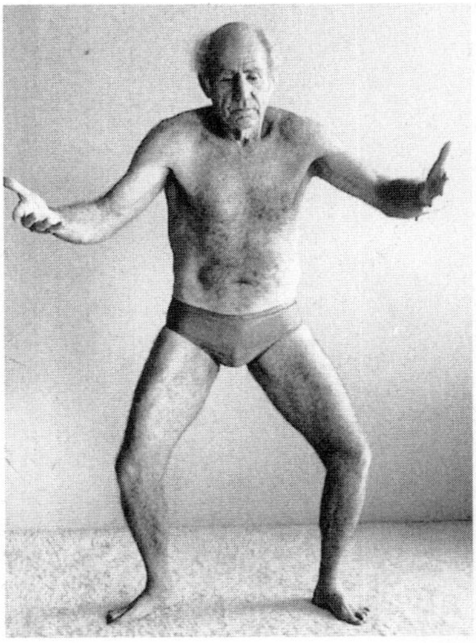

Abb. 3

Die Arme strecken sich in einer offenen Haltung aus,
die Handflächen nach oben. (Abb. 4 und 5)
Diese Bewegung mag etwa bedeuten:

»Ich habe so viel in mir.
Hier ... nimm davon.
Ich kann es mir leisten,
dieses wunderbare Gefühl frei wegzugeben.«

Genieße das Gefühl der nach oben gehaltenen Handflächen
und das Gefühl des Gebens.

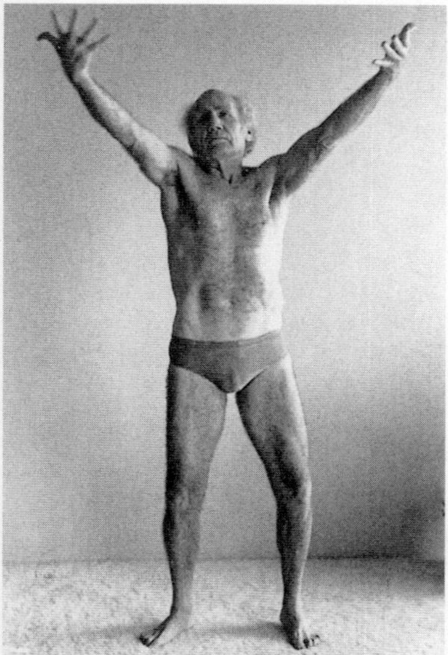

Abb. 4

Indem du die Bewegung weiterführst
fühlst du die ganze Luft in dich einströmen,
in einem umfassenden und tiefen Seinsgefühl.
Laß den Rhythmus und das Gefühl des freien Gebens zu,
vertiefe dein Erlebnis und
den Ausdruck von *Hook-up*.

Abb. 5

Subtiles Atmen

Setz dich bequem auf einen Stuhl, oder lege dich aufs Bett.
Wie mühelos kannst du beim Atmen
Luft in dich aufnehmen!
        Es ist so einfach, so ... nichts.
Laß Luft einströmen. Versuche nicht, tief einzuatmen.

Dieses subtile Atmen kann dich
in ein tiefes Verbunden-Sein versetzen.
        Es braucht gar keine Anstrengung.
Bemühe dich nicht, es richtig zu machen.
        Sei Teil der Luft, die in dich strömt
        in jene Tiefe, die dir möglich ist.
Die Ausatmung geschieht von selbst.

Fühle, wie Entspannung in den ganzen Körper fließt,
wenn du sanft einatmest; mit bewußter Einfachheit.

Am Ende reduziert sich alles auf nichts;
ohne irgend etwas zu tun.
Es gibt vielerlei Abstufungen der Tiefe
in der Mentastik und im *Hook-up*.

Das ist meine letzte Erfahrung mit der Mentastik.
Ich habe keine Ahnung,
wohin sie sich von hier aus entwickeln wird ...
        Was ist besser als dies ...?

Informationen für den Leser

Für nähere Informationen über Mentastik, Trager, Trainings, Sitzungen und Mentastikunterricht wenden Sie sich bitte an:

Deutschland
Siegrit Salkowitz
Clemensstraße 49
D-80803 München
Tel.: 089/33 14 84

Österreich
Hedi Stieg
Hintzerstraße 10/16
A-1030 Wien
Tel.: 0043-1-714 33 52

Schweiz
Trager Schule Schweiz
Monika Amman-Sutter
Alte Landstraße 39
CH-8802 Kilchberg/Zürich
Tel.: 0041-1-715 56 23

oder an
The Trager Institute
10 Old Mill Road
Mill Valley, CA 94941
USA

Bildnachweis

Der Verleger dankt folgenden Fotografen für die Erlaubnis, ihre Bilder in diesem Buch abzudrucken:

Nina Amory: 97; Judith Beatie: 53; Ralph Chaney: 51, 101, 149, 150; Carla Chotzen: 70; Helene Closset: 26, 52, 85, 100, 105, 137; Daniel L. Fishman: 81, 122, 133, 134, 155, 159, 164, 167; Tom Frankenberg: 42, 136; Cathy Hammond: 56, 66, 74, 76, 95, 129; Robert Hammond: 88, 96, 160; Rollin Inman: 69, 98; Madeleine Kemp-Eisen: 39, 41, 43, 47, 49, 50, 55, 87, 93, 114, 117, 163; Joan Philips: 33, 109, 113, 119, 120, 121, 125, 126, 127, 141, 145, 146, 156, 168, 170, 171, 172, 173; Emily Trager: 106; Untersuchungslabor der Universität von Kalifornien in Los Angeles: 77, 78, 79, 80.

Die Tanzende Wolke, *von Chungliang Al Huang für das Trager-Institut für Psychophysische Integration und Mentastik geschaffen.*